The World's Toughest Endurance Challenges

启真馆 出品

启真·体育人文

【英】理查·霍德 保罗·摩尔 著 赵小钊 译

世界上最艰难的耐力挑战赛

浙江大学出版社
·杭州·

图书在版编目（CIP）数据

世界上最艰难的耐力挑战赛 /（英）理查·霍德，（英）保罗·摩尔著；赵小钊译. -- 杭州：浙江大学出版社，2024.10. --（启真·体育人文）. -- ISBN 978-7-308-25288-1

Ⅰ. G888

中国国家版本馆CIP数据核字第20245CC530号

世界上最艰难的耐力挑战赛
[英] 理查·霍德 保罗·摩尔著 赵小钊 译

责任编辑	叶　敏	
责任校对	张培洁	
装帧设计	罗　洪	
出版发行	浙江大学出版社	
	（杭州天目山路148号　邮政编码310007）	
	（网址：http://www.zjupress.com）	
排　　版	北京辰轩文化传媒有限公司	
印　　刷	北京天宇万达印刷有限公司	
开　　本	635mm × 965mm　1/16	
印　　张	13	
字　　数	150千	
版 印 次	2024年10月第1版　2024年10月第1次印刷	
书　　号	ISBN 978-7-308-25288-1	
定　　价	79.00元	

版权所有　侵权必究　印装差错　负责调换

浙江大学出版社市场运营中心联系方式：（0571）88925591；http://zjdxcbs.tmall.com

世界上最艰难的耐力挑战赛

导言

> 有时，人们需要了解的不只是心理承受力，还有理智承受力。
>
> ——Maria Mitchell

Tough

形容词，副词，名词，动词

定义：

1. 强大的耐受力，坚强，硬度；
2. 难以实行、达成或是处理；
3. 勇敢的，严酷的，暴烈的。

就在当下，世界上某些地方的人，正在将他们自身推向人类耐力极限的边缘。不论是身处荒漠、高山还是海洋，他们都到达了身体或精神的"边缘"。他们忍受疲惫，努力维持基本的生存。虽然不是每个人都能活着讲述自己的故事，但是许多人还是做到了。这些故事就是关于面对并最终克服挑战，以及战胜痛苦疲劳最终达到目标的狂喜；在这些故事中，他们不但达成了个人目标，而且取得了在许多人看来难以置信的成就。

从一出生开始，人就在这么做。马可·波罗（Marco Polo）与白图泰（Ibn Batutah），他们怀着探索地平线后方世界的愿望，自愿踏上前往远方的征途。18—19世纪的荒野探险者，他们的探索，为本书中一些标志性探险活动奠定了基础。我们比先人走得更远更快。

他们——其实是我们，为什么要这么做？这是个没有答案的问题。但是，许多参加这些活动，尝试完成挑战的人，都具有共同的动力。在20世纪20年代初期，攀登者乔治·马洛里（George Mallory）被问到为何要登珠峰（那时人们心目中的最难耐力挑战），他只用了一句简单的话来回答："因为它在那里。"他一语道出了众多先人和追随者们探索挑战行为背后的动力。

这句话是一小撮精英人士的行动动力。探险风格的运动员不满足于简单的完成与竞技，因为这些实在是太平凡了。耐力挑战者想知道身心崩溃前的承受极限。极限达人专门从事被99.9%的人视为疯狂行为的运动。他们去冒险挑战，是因为困难就在那里。

然而，本书无关个人动机。本书没有提供如何在世上最凶险的激流中划船的技术指导，也不会教你怎么在荒野中度过无眠之夜，忍受着牙齿颤抖去达到目标。相反，它是对这些挑战的庆祝。

我们从全球众多极限耐力挑战中

精选出了50项。这些运动正在日渐盛行。其实，在过去被认为极为艰难的运动，在今天看来已经是小菜一碟。三项赛？试试拱门到拱门三项赛（Arch to Arc）？马拉松？听说过西部100英里（Western States 100）吗？

现在，在挑战极限方面，世界各地的人已经比过去走得更远。此外，他们更喜欢在自然条件极为恶劣之地进行挑战。

我们是如何选择本书中的挑战的？首先，必须不是能轻易实现的（但是很有趣）。现在超长距离的挑战运动已经有成百上千之多，其中只有少数全球闻名，其他运动的知名度只是局限在少数人中。此外，还有一些你所了解，但并未进入本书的比赛或者活动，攀登珠峰就是一个，环球骑车也是一个。理由如下。

在开始选择书中的运动时，我们很快就意识到，必须设置指导原则；否则任何运动都可以囊括进来了。在经过一番搜肠刮肚和审慎思考后，我们设置了下列原则。

每项挑战必须满足：
• 有组织，有面向参加者的纪律。
• 允许公众参加（不是职业运动）。
• 有事先规定的起点和终点。
• 确实有足够的难度。

希望有了这些原则，你能知道为什么骑车/步行/登珠峰都不在本书的范围内。同理，环法自行车赛（Tour de France）也不在本书中。

本书中的一些挑战是可以实现的，其实多数都是这样（取决于对意志决心的要求）。但是，设置原则是写作计划的一部分，以及如何决定什么才是地球上最艰难的极限耐力挑战。

既然有这么多各种各样的比赛，就意味着在介绍某个赛事时可能会有疏漏。如果你认识组织者或是参加过的人，或者你本身就是组织者或过来人，请联系我们。下面，来看看这个星球上最艰难的50个耐力赛吧。

它们不仅是人类成就的佐证，而且能鼓励你去挑战困难事物。

来吧，你知道你要……

有多难？ 在这些比赛中，运动员们要面对的挑战非常多。其实也不可能完全列出。为了帮助理解比赛中的主要障碍，我们选择了10个关键领域。

冷

水上。运动员在冷水中长时间运动会减少其最大摄氧量和削弱其心肌功能。当肌肉温度长时间处于27℃以下时，运动能力就会下降。失水是另一个必须关注的因素，运动员的身体依旧需要常规数量的饮水，而实际饮水量可能不足。如果体温低于36℃，运动员就会发生低体温症，严重时可能丧命。

水下

身体长时间在寒冷环境中会失去热量，血液会流向重要器官（保证基本功能）。手臂和腿部供血减少，游泳时会运动员感到虚弱。人体在冷水中长时间浸泡会导致低体温症，核心体温下降到危险水平，严重时运动员可能丧命。

高

运动员长时间在高海拔环境（适应能力因人而异）中运动，会对其运动能力产生影响。海拔超过1500米，氧气减少会导致运动员呼吸加速和心率上升，恶心，头疼以及失眠。更麻烦的是，运动员的最大摄氧量会减少，运动能力会受到影响。在极端情况下，高山病也会导致运动员丧命。

热

运动员体温上升（体温过高）的一个后果是其肌肉的效率降低，影响其心脏向身体各处供血；让代谢从有氧状态进入无氧状态（限制身体内的碳水化合物储备）。此外，在温度高的情况下，运动员进行持久运动，身体流失的水分就会增加，因此还得管理饮水。

远

本书中包括的比赛，除去极少数，距离都很长；还有一些要求运动员行进特别长的距离。这些要求与比赛种类有关。长距离，以及长时间的运动，都会对运动员的身体和心理产生影响。

地形

不论是固定地点还是多变的地形，地形可能是运动员面临的主要难点。征服冰雪、沙地、沼泽、河流乃至山石道路，都需要消耗运动员额外的体力。在遇到极限温度或是极端天气时，任何困难地形和地形变化，都会让运动员更容易受伤。多变的地形

也会给运动员带来麻烦，有时会要求运动员改变技术，以及让其已经疲劳的肌肉承受更多负担。

精神

如同长距离带来的挑战，本书中的所有赛事都要求运动员有出类拔萃的意志力。有一些比赛要求运动员必须完全控制意志，应对孤寂、松懈乃至枯燥引起的精神麻木。运动员能否用意志力战胜这些因素，对成败至关重要。

高差

极端的升降高差，也会给运动员的身体带来巨大影响。从体力上看，运动员在上坡路跑步和骑车，会产生疲劳。尽管上坡的风险与下坡不同。下坡会让运动员的腿承受负担（抗重力肌肉在尝试收缩时被拉伸），摔伤的可能性也会增加，在腿部疲劳时，更是如此。任何骑车下坡都需要运动员具备技术，并且有可能影响比赛结果。

技术

各种运动对运动员构成不同的挑战，对技术的要求也有所不同。例如，山地自行车爬坡与下坡都对运动员的技术具有极高要求。操纵游艇或划船穿越激流也是一样的。因此，任何突出技术的挑战都要求具备在这一领域内的至少是扎实的功力——"高超"当然更好。当环境带来的影响很大时，运动员具备的技术能力就会变得更加重要。

天气

天气会影响所有的比赛。不过，在一些比赛中，极端天气与潜在风险对运动员与成绩的影响更大。如果天气特别冷、特别热或是变化不定，运动员就必须得适应环境才有可能完成比赛。天气是一个不受控制的变

量，运动员的计划再周全，装备再全面，也可能无法应对某些天气变化。

水流

水流的影响主要针对本书中涉及游泳的比赛（也适用于其他比赛）。潮汐与水流的运动，会影响运动员完成挑战的时间与能力。所有可能受到水流影响的比赛，组织者都要做好详细计划，让运动员有最大的完赛机会。如果做不到，或是计划赶不上变化，运动员就得被迫面对这一不可控的力量了。

目录

欧洲 / 001

斯堪的纳维亚人三项赛
（Norseman）/ 002

阿尔卑斯极限穿越赛
（Red Bull X-Alps）/ 006

穿越欧洲赛跑
（Trans Europe Footrace）/ 010

安达卢斯终极越野赛
（Al Andalus Ultimate Trail Race）/ 013

岛到岛跑游两项赛
（O till O）/ 017

高地之路 / 020

耐力达人拱门到拱门
（Enduroman Arch to Arc）/ 024

迪韦齐斯-威斯敏斯特国际划船赛（Devizes to Westminster International Canoe Race）/ 027

英吉利海峡游泳
（English Channel Swim）/ 031

环爱尔兰赛
（Race Around Ireland）/ 034

铁自行车（Iron Bike）/ 037

山人（Mountainman）/ 040

斯巴达松（Spartathlon）/ 045

非洲 / 049

卡拉哈利极限马拉松
（Kalahari Augrabies Extreme Marathon）/ 050

卡蒂兹自由游泳
（Cadiz Freedom Swim）/ 054

开普敦传奇（Cape Epic）/ 058

非洲之旅
（Tour d'Afrique）/ 061

同志马拉松
（Comrade Marathon）/ 065

杜希划艇马拉松
（Dusi Canoe Marathon）/ 068

地狱沙漠马拉松
（Marathon des Sables）/ 072

亚洲 / 077

长城马拉松
（Great Wall Marathon）/ 078

牦牛进击（Yak Attack）/ 081

大洋洲 / 087

鳄鱼杯
（Crocodile Trophy）/ 088

新西兰海岸到海岸（Coast to Coast New Zealand）/ 091

北美洲 / 095

箭头 135（Arrowhead 135）/ 096

莱德维尔 100
（Leadville 100）/ 099

西部 100
（Western States 100）/ 102

卡特里那海峡游泳
（Catalina Channel Swim）/ 105

穿越美国竞赛
（Race Across America）/ 108

曼哈顿岛马拉松游泳
（Manhattan Island Marathon Swim）/ 112

特维斯杯骑马赛
（Tevis Cup Ride）/ 115

24 小时场地赛
（24 Hours Track Race）/ 118

爱迪塔罗德（Iditarod）/ 121

育空北极远征
（Yukon Arctic Ultra）/ 125

育空长征（Yukon Quest）/ 129

恶水超级马拉松
（Badwater Ultramarathon）/ 132

熔炉溪 508
（Furnance Creek 508）/ 136

6633 极限冬季超级马拉松
（6633 Extreme Winter Ultra Marathon）/ 140

超人世锦赛（Ultraman World Championship）/ 144

超越自我 3100 英里
（Self Transcendence 3100 Mile Race）/ 147

南美洲 / 151

巴塔哥尼亚远征赛（Patagonian Expedition Race）/ 152

丛林马拉松
（Jungle Marathon）/ 157

哥斯达黎加征服者（La Ruta De Los Conquistadores）/ 161

南极洲 / 165

极限世界赛——南极远征
（The Extreme World Races South Pole Race）/ 166

各地 – 洲际 / 171

伍德维尔航海
（Woodvale Challenge）/ 172

4 大荒漠（4 Deserts）/ 175

沃尔沃航海赛
（Volve Ocean Race）/ 180

世界越野探险赛（Adventure Racing World Series）/ 184

自由潜水 / 188

温迪环球航行
（Vendee Globe）/ 192

中国最艰难的耐力挑战赛
（译者后记）/ 196

斯堪的纳维亚人三项赛

阿尔卑斯极限穿越赛

穿越欧洲赛跑

安达卢斯终极越野赛

岛到岛跑游两项赛

高地之路

耐力达人拱门到拱门

迪韦齐斯 - 威斯敏斯特国际划船赛

英吉利海峡游泳

环爱尔兰赛

铁自行车

山人

欧洲

种类：多项赛
时间：8月
距离：226公里
主要困难：高度变化
网站：www.nxtri.com
称谓：世上最难长距离铁人三项赛

过来人说："我们报名了一项超难赛事，他们就提供了一个从头到尾的超难赛事。"

斯堪的纳维亚人三项赛（Norseman）

运动员需要屏住呼吸跳进挪威峡湾的冰冷流水漩涡中，骑车冲上高山，最后跑上乱石嶙峋的顶峰，这让最难的一日赛难上加难。

铁人三项赛曾是只属于少数人的运动，多数人甚至不知道它是什么。铁人是什么？这是少数最勇敢（有些蠢笨）者才会尝试的神奇追求。现在，这样的日子过去很久了。铁人三项赛的品牌已经遍及全世界，每隔几公里就有吵闹的音乐、数以千计的观众以及补给点。

但是，仍有少数几个比赛，没有这些噱头。它们依旧固守着长距离三项赛的核心概念：意志力。斯堪的纳维亚人三项赛就是其中之一。运动员在挪威冰冷的峡湾中游4公里，随后在山路上骑180公里，然后跑42公里。这时，参赛者们才能爬上加斯塔托潘山（Gaustatoppen，海拔1880米）。

这是个小众比赛，240名参赛者乘坐渡轮，在凌晨4点钟来到伊德福吉德峡湾（Eidfjord）。他们需要自带支援团（在最后阶段，其中一人还要陪着运动员一起爬山）。在终点，并没有多少欢呼，只有一部电梯送你下山，让你与补给车和支援团会合。

但是，也许这就是赛事的独特魅力——缺少欢呼与荣誉；保留原始感；从头到尾不加修饰。

只有参赛者才能乘坐那天早上4点钟的渡轮。从那儿开始，运动员还要沿着海岸游4公里才能到起点。水又冷又深。运动员要想到起点，得从船后方跳下海。从此开始，一切就简单了。对那些速度快能力强的游泳者来说（如果他们能在晨曦中有效导航），至少文字表述是这样的。不过，峡湾中的水流可能助力也可能成为阻碍。在峡湾中的水流中游4公里，非常艰难。

骑车也并不简单。第一个40公里就有1250米的爬升，在著名

最经典的游泳场景

道路漫漫，但是值得

即使赛道难不倒你，天气也会

令人难以置信的终点在等待着在关门时间前到达的运动员

的哈登角（Hardanger）平原经常有气温突降和狂风大作，景色十分荒凉。无需多言，不久后又要迎来爬升了。参赛者们享受无数的陡坡以及壮观的挪威郊野美景。

接下来就是跑步。对许多人来说，在骑180公里后再跑马拉松就已经足够艰难了；但是，这个马拉松更是疯狂，因为运动员要跑着上山。前20公里相对平坦。然后，当腿开始疼痛，身体开始排斥饮食时，山路才开始露出真实面目。接下来的17公里都是上坡。只有最前面的160人才有机会通过33公里的检查站。并且限定时间在 14 小时 30 分。随后，仅仅过了 2 公里，又有一道关卡，限定时间在 15 小时 30 分内。从这里，开始进山了。经过医疗检查，运动员必须在一位支援团成员的陪伴下完成最后 5 公里，经过崎岖的山石路爬升到达特利马克（Telemark）地区的最高点加斯塔托潘。

顶上有什么？如果天色还亮着，运动员们可以欣赏挪威的美景。如果天黑了，有一家供应热饮的餐厅可以坐下来休息。在停止奔跑，头脑稍稍清醒后，运动员可以选择乘坐穿越山地中部的电梯，或是走着下山。朴实无华的风格，使这场比赛格外特别。

能够完赛者，可以获得一件斯堪的纳维亚人三项赛黑衫。错过跑步爬山的关门时间但是依旧完成全部距离者，可以获得一件白衫。所有的参加者，都体验到了地球上最难和风景最美的单日赛之一。

德鲁·马拉（Drew Marlar）

在其他铁人三项赛中，都会设置浮标来引导游泳路径。但是，斯堪的纳维亚人三项赛并没有。260 位参赛者跳进幽暗的峡湾，只有大概的方向指引。我喜欢这种简单风格，以及组织者对运动员的信心。我们报名了一项超难赛事，他们就提供了一个从头到尾的超难赛事。从游泳开始，这场比赛就是又冷又难。

自行车赛的前 19 公里平坦而快速。不知不觉我就到了伊德福吉德，趣味从这里开始了。在爬升道路之间，是陡峭的下坡路和直路。我可以快速蹬车和休息准备迎接下一个难点。这里的风景是我见过的最美的。令人想起在美国骑车离开大峡谷时的景色，但是这里多了浓密的常绿植被、青苔和清澈湍急的河流。来这里比赛，被这样的环境包围，我太幸运了。这真是享受，我非常高兴。

简单的更衣如厕后，我开始跑步了。比赛的名气就来自这一段。在跑步的第 19 公里，你看看眼前的景象，就会觉得荒唐。加斯塔托潘的巨大山体有些吓人，上面还竖了个无线电塔。对一场马拉松来说，这真是个可怕和费劲的终点。所谓"路"，就是山脊上的松动石头。你要么在巨大的石块中攀爬，要么踩着松动的石滩滑行。时间越来越紧张。比赛临近结束，我只关注如何到达终点，然后观赏下方的峡谷。石块变得越来越大，道路也越来越陡。向后看，只会让我头晕和失去平衡。最后的几步是最难的。最后，我用了 13 小时 42 分完成了，位列第 39 名。

我情不自禁地泪流满面。经历这些，最大的意义就是证明你的坚毅。但是，我却在完成时流泪了。

德鲁·马拉是 2011 年完成者。

关键事实

种类：多项赛
时间：7月
距离：880公里
主要困难：天气、高度变化、技术要求
网站：www.redbullxalps.com
称谓：世上最壮观的探险赛

过来人说："绝不仅仅是山地穿越，这是一次探险，一次远征，有时也是竞技。"

阿尔卑斯极限穿越赛（Red Bull X-Alps）

运动员需要再山地跳伞，沿着蜿蜒崎岖的峡谷奔跑，阿尔卑斯极限穿越赛是对勇气、速度、力量和毅力的考验。

2003年，汉尼斯·阿奇（Hannes Arch）想出了一个将耐力运动推向新高度的主意。他想看看，从奥地利萨尔斯堡（Salzburg）出发到摩纳哥，以滑翔伞加人力方式穿越阿尔卑斯山区是否可行。这真是个疯狂的项目。参赛者们只能有1位同伴协助，需要在短时间内完成880公里的距离。

2003年，这一赛事落地，体现了赞助商的风格。17位运动员从达赫斯坦冰川（Dachstein）出发，经过楚格峰（Zugspitze）、勃朗峰和格罗兹峰（Mont Groz）前往摩纳哥。卡斯帕·亨利（Kaspar Henny）成为3位首批完成者中的一员，他只用了不到12天就到达摩纳哥。尽管退赛率极高，比赛还是诞生了。

阿尔卑斯极限穿越赛只在单数年份举行。参赛者极为稀少不足为奇，因为名额十分难得。组织者每次只挑选30位运动员（另有2个随机指标）。参赛者必须持有滑翔伞资格证，还要有丰富的登山经验，此外，还需要具备超强的体力。

在去往摩纳哥的路上大约有40%的距离要靠滑翔伞。这意味着运动员要多次背着滑翔伞，连续跑80公里，爬上山顶高地，才能开始飞行。这也意味着，即使那些最高水平的滑行伞玩家能靠飞行完成75%的距离，他们依旧必须具备强

参加者必须跑过漫长的崎岖山路

大的跑步能力，才可能完成。终点关门时间是冠军到达摩纳哥后的第 48 小时。

不过，善于飞行的玩家往往可以操纵滑翔伞快速完赛。在飞越欧洲最壮观的山脉时，他们完成的飞行距离和因此节省的体能，会对结果产生巨大影响。但是，参赛者想飞着完成也不容易。天气可能在瞬间说变就变，很可能刚刚跳下悬崖就遇到顶风等自然力量——有时甚至超过滑翔伞承受力。这就需要超常的技术与勇气。

参赛者需要掌握登山技术和具备登山经历

飞行是最受喜爱的选项，但不见得是最安全的

007

只有少数受邀参赛的精英才能欣赏到如此令人震撼的景色

乱流会让他们的滑翔伞在不到5分钟内下降1000米高度。了解并利用山谷中的气流和温度,也需要天赋。有这种本事的人,能获得巨大优势。

不过,光靠耐力和滑翔伞技能,并不能征服欧洲境内一些最险峻的山峰。每年,大约有100人死在勃朗峰地区。而这一地区是比赛的一个转折点。由于阿尔卑斯山区的天气极不稳定,参赛者们不但要看气流,还得注意山地环境。暴雪和气温骤降并不罕见,不论是参赛者还是他们的队友,都要掌握山地生存技能。伴随恶劣天气的,还有艰难的爬山行进。没有人能完全准确地估算降落地点,有时需要在山谷中徒步穿行;因此,攀登与登山技能与滑翔同样重要。

此外,赛道并不简单。2011年,参赛者们经过了8个转折点(检查点),有些位于欧洲最为人迹罕至的地区。

无需多言,严格的筛选门槛和对技术娴熟的飞行技能的要求,让比赛的用时不断缩短。目前的最快用时为将近 10 天。在多数情况下，冠军需要 11~12 天。

恶劣的天气、崎岖的地形，加上最危险的运动方式之一，使阿尔卑斯极限穿越赛成为精英级耐力赛事中的一个独特存在。

斯蒂夫·纳什（Steve Nash）

为了通过选拔并参加这个比赛，我训练了一年。不过，当我和支援手理查德·邦盖（Richard Bungay）入选后，直到比赛前，我们都在增加训练量。在体能方面，我每天都练习越野跑和骑车。更为具体和带有目标的训练包括：在英国，背着 11 公斤重的滑翔伞参加超长跑步比赛、快速爬山然后用滑翔伞快速下降、在英国的不完美天气中尽量多练习滑翔伞飞行。

光是挤时间训练就是一个大问题。虽然我的夫人和雇员们都大力支持我去参赛，抽出时间去训练和准备也不容易。

另一项主要的准备工作就是搜罗参赛所需的轻量化飞行、徒步和登山用品。这意味着寻找赞助商来支持我们的团队。最后，我们找到了几个户外大品牌，算是成功了。

我的支援手理查德帮助我把比赛分成可控的小节。我们安排在某一时刻、某个距离或是在不同的国家见面。我把心思放在短期目标上，见到他，吃饭喝水，是比赛期间最重要的事。

在跑上一座山后，我在滑翔时犯了错误，比多数人提前降落。我必须再次起飞去追赶。这段路的多数部分是跑着完成的——大约有 50 公里。正视错误和继续前进的能力非常重要，而我们的团队决策帮我们提高了这一能力——不要在犯错失误时无法自拔。在向目标努力的过程中，这被证明是理性的决定。

12 天以后，我们的队伍遇到了计划外的唐突结局。就在同一天，冠军到了摩纳哥。在此时，风暴将我们困在了前往马特洪峰（Matterhorn，比赛的 8 个转折点之一）的路上。我在犹豫，是从海拔 4593 米的地方走着下山，还是花费数小时到高处寻找更好的起飞地点，在不利于飞行的气象条件下飞向风暴。我决定飞行，但是忽略了我临近受管制空域。如果运动员飞入这一区域，就会受罚。通过飞行来实现目标的压力战胜了我的警觉，我飞入了受管制空域 8 米，被取消资格了。

这是我们从未想到的，我向来严守规则，理查德也不断提醒我注意困难区域。在被告知不能继续参赛后的几小时内，我们都很空虚，甚至想不明白发生了什么——直到一直在关注比赛实时消息的朋友们发来一堆文字，他们说，被取消资格，也比受重伤或者更惨烈的结局好一些。

现在想一想，我们俩都同意比赛并未结束！

斯蒂夫·纳什参加过 2011 年的比赛。

种类：徒步
时间：10 月
距离：4132 公里
主要困难：距离、毅力
网站：www.transeurope-footrace.org
称谓：每天早上 4 点半起床，每天平均跑 60 公里

过来人说："在比赛时只关注当天，不要想完成当日比赛之外的事。"

穿越欧洲赛跑（Trans Europe Footrace）

这是一场穿越欧洲的残酷跑步比赛。它能测试这场传奇远征参与者的心理、头脑和身体，并且不会为任何人停下。

虽说在这书中介绍的赛事都在测试参加者们的身心极限，每个比赛都有不同的挑战，人的极限更是千差万别；但是，能通过日常活动去测试身心耐受力，将参赛者们打回原形的就不多了。穿越欧洲赛跑就是这样一个比赛。

它从丹麦的斯卡恩（Skagen）开始，向南进入德国、法国和西班牙，在直布罗陀（Gibraltar）结束，距离大约为 4132 公里。大约 50 位参赛者平均每天要跑 60 公里，同时只能享有最基本的生活条件；此外，每天的行程都有关门时间，参照标准是速度不低于 6 公里/时。如果比这个速度慢，就可能被取消资格；不过，个别时候会有特例。

当然，对训练有素的超长距离跑者来讲，连续跑 60 公里并不是难事。但是，每天都这么跑，并且地形变化多样，仍旧会让下肢不堪重负。在这样的比赛中，疲劳的效应会累积放大：它不会停止。每天，从一个村子跑到下一个城镇，再到下一个城市。跟不上进度，就会被淘汰。因此，也就没有时间让受伤部位得到喘息恢复。同时，保持进度与坚持参赛给运动员造成的精神

参赛者必须面对一场耗尽毅力和体力的消耗战

进度和道路都是残酷无情的

这是一场极为朴实和极为艰苦的比赛

压力也很大。

精神压力还会被路上的各类因素放大。组织者毫不掩饰,食宿条件最多称得上"简易"。参赛者要自带充气床垫和睡袋,晚上通常要在学校的体育馆内过夜;如果连体育馆都找不到,就得搭帐篷。不保证能洗澡,洗热水澡是奢侈的,更不用说洗冰水澡了。这才是耐力长跑的最原本形态。

所有这一切都会增加比赛时的体力消耗。下肢要承受巨大的痛苦,简易的食宿条件让康复也成了奢求。参赛者必须在最不利的环境下自行处理恢复,这可不是享受。

饮食是另一关键因素。每10~12公里就有一处补给站,但是组织者没能保证供应的东西能满足运动员所需。既然组织者依靠的是路边店和超市,那么参赛者必须习惯不同的固体、液体和能量胶。许多耐力运动员十分在意比赛时的饮食,并且在训练时就会去适应某些食物。因此,饮食的不确定性,会影响这些运动员,甚至直接影响他们的比赛表现。按照比赛规则,参赛者还不能接受场外援助,因此不能自行安排支援团送饭。在比赛中,大家遵守同样的规则。

他们还按照同样的路线跑步,尽管不是所有人都觉得这很简单。当然,组织者尽量让路线容易辨识。但是身心疲惫的运动员经常是独自奔跑,很容易错过路边的大号指示牌。一旦跑错,就需要参赛者自行返回赛道(虽然参赛者在迷路时会得到组织者的帮助)。

尽管困难重重,"令人印象深刻"尚不足以描述完成者们的成就。2009年共有45人参赛,彼得·巴特尔（Peter Bartel）获得冠军，成绩是352小时3分25秒。女子冠军古山孝子的用时是529小时6分5秒。

总之，穿越欧洲赛跑是对人类极限的残酷测试。光是距离——以及与它有关的累积疲劳，就足够成为考验了。当对身体耐力的考验与最简易的食宿条件叠加时，挑战就更加艰巨了。对战胜比赛的挑战者来说，奖励很简单，他们就是跑完整个欧洲长度的极少数人，可以跻身世界上少数身心最为强大的精英耐力运动员之列。

安德雷斯·弗尔克（Andreas Falk）与特隆德·萨维克（Trond Sjavik）

AF：为了参赛，我训练了3年，把参加距离越来越长的比赛作为准备。在穿越欧洲赛跑之前，我完成了1150公里的穿越高卢。在比赛前后，我都找了心理导师。我还格外关注装备和营养这些细节。

TS：体能准备就是跑步。2007年的1200公里的穿越德国和1150公里的穿越高卢是两次重要的准备。它们也是很好的精神训练。在参加穿越欧洲前的三个半月里，我每天都跑步。

AF：在比赛前，最大的精神挑战就是能否在70天内远离家人。在比赛时，我只关注当天，除此之外从不多想。与我的朋友马塞思（Matthias）一起从头到尾跑完比赛，也很有帮助，他总是帮着我前进。最大的问题就是中途受伤。我在接下来的6天内只能走，但是也得保持不低于6公里/时的速度。我曾在一天内走了80公里。

TS：前一半，我没遇到任何问题。我的小腿受伤后，我就得忘掉竞技，只能把精力放在从一个补给站走到下个补给站上了。在如此漫长的比赛中，每个人都会遇到受伤等意外。一旦发生状况，你能做的就是耐心，尽量完美处置，然后希望自己一天天好起来。

AF：完赛的感觉非常独特。在这3年里，我只有这一个目标。到了终点，我反而感到空虚。但是，完成依旧让我感到满足，毕竟没几个人能做到。与马塞思一起，让比赛变得更加特别。

TS：在比赛的最后两个星期，我真是烦透了。我看不到跑到终点诺德卡普（Nordkapp）的意义，为什么不在瑞典境内停下？反正已经跑得够长了。当到达终点后，我又很高兴，毕竟终于结束了。回到家后的头几个星期，我觉得空虚，干任何事都提不起精神。我不怎么去想它，而是盘算未来的比赛。后来，我和一起参赛的女朋友看了比赛照片，有许多美好的回忆。我很高兴能完成。

安德雷斯·弗尔克花了3年时间来准备参加2009年的穿越欧洲赛跑，他的训练包括穿越高卢。

特隆德·萨维克在2009年获得第6名，此前，他完成了1200公里的穿越德国和1150公里的穿越高卢两个比赛。

种类：徒步
时间：7月
距离：230公里
主要困难：炎热、地形
网站：www.alandalus.com
称谓：35~40℃高温、技术性、消耗巨大、漫长爬升和美丽的赛道

过来人说："我会记住第二赛段，在烈日下跑下山，双腿疲劳，与鹿相伴，太神奇了！"

安达卢斯终极越野赛（Al Andalus Ultimate Trail Race）

美女与野兽。230公里，5天赛程，欧洲最美户外景色。这是天堂？不见得。高温暴晒、巨大的上升和崎岖的道路，让安达卢斯终极越野赛成为真正的极限长跑挑战。

烈日炙烤着荒芜的山丘。一条狭窄蜿蜒的小路直通山顶，路上还时常有大大小小的石块。气温逼近40℃。你还要继续跑20公里，并且这只是一个赛段。比赛还没有露出真面目，脚上的水泡就疼得令你难以忍受了。但是，这是挑战，是考验，也是你来到这里的原因。

安达卢斯终极越野赛有欧洲最壮观的风景，同时，它也让运动员们在5天之内领教艰难的地形和酷热的高温。对熟悉极限长跑赛的人来说，本书介绍的许多比赛，长度都是可控的。比赛期间的不确定因素，才是安达卢斯长跑的挑战。

第一，高温。7月中旬，西班牙安达卢斯的白昼气温可能高达30~45℃。这时，即使进行短时间

路途漫长、环境炎热、地形崎岖

的运动也会给身体带来很大压力。但是，最短的第一赛段距离为37公里。所有人都会开始感受到天气对身体的影响。最长赛段的距离为68公里。因此，吃好喝好的重要性就尤为突出。了解何时应该休息和躲避烈日，对确保完成比赛也很重要。

第二，参赛者在赛道上必须随时保持专注。简单路况不多，多数时候要穿越布满碎石的崎岖山路，因此，参赛者必须聚精会神，走错一步就可能崴脚。参赛者应当具备在野外多种地形上行进的经验。

如果你把赛道起伏考虑在内，更是如此。不同于书中的另一些超长跑步赛，安达卢斯终极越野赛不

参赛者在每个赛段必须携带最基本的装备

比赛竞争十分激烈，但是气氛友好

仅因爬升出名，它的下降同样不可忽视。每一赛段的累计下降（大约1000米）要大于相对应的累计上升（大约900米）。本已疲劳的下肢，因此要承担更多负担。

比赛会提供一些援助，组织者也会负责每个赛段的参赛物品转运。

这意味着运动员们在比赛时要携带必要的强制物品，包

安达卢斯终极越野赛吸引了一些优秀跑者

括食物、电解质饮料、遮阳帽、哨子和指南针。比赛是纯粹的跑步挑战。在每一个赛段结束后，参赛者们在当地的村庄住宿，可以体验安达卢斯当地的文化，与来自各地的跑者们交流。虽然比赛非常艰苦，但是参赛者们都很享受美景和重新回归自然的质朴。

如同多数超长跑步比赛，它也根据不低于6公里/时的速度设计了每一赛段的关门时间。如果参赛者不能在时限内完成某个赛段，就没有总成绩（但是仍可以继续参赛）。无需多言，在2011年，65名参赛者中仅有44人完成。要想判断比赛的竞争水平，你只需要看看最快和最慢完成者的成绩差距。2011年，冠军只用了19小时多一点就完成了5个赛段。最慢的完成者用了30小时30分。不论快慢，成绩都不错。

每一步都要经过考虑

　　如同许多其他同类赛事，参加安达卢斯终极越野赛，除了击败对手，也是为了突破想象中的生理极限。疲劳、地形和酷热都是严峻的挑战，回归自然和体验当地传统文化则是奖励。

虽然竞争很激烈，赛场上的气氛却十分友好，参赛者们相互扶持。这些独特要素造就了安达卢斯终极越野赛：不仅仅是一场残酷的耐力跑赛，而且对于参赛者来说是自我提升的体验。

海伦·塔拉诺斯基（Helen Taranowski）

运动员视角

　　为了准备参赛，我的每周跑量都很大（5月和6月2个月跑量合计1062公里），以长距离跑为重点。有时，我会连续3天跑长距离，让双脚适应长时间跑动。因为我过去的跑步以路跑为主，我增加了山地越野跑训练。

　　在比赛前的十天，我在35~40℃的温度中进行了4次耐热跑步训练，还测试了用于比赛的所有装备和饮食。这些体能训练也是心理练习的一部分。此外，我还仔细研究了每一段的比赛地图、路线说明和高度地形，对每天的进度有了基本的了解。在那2个月里，所有的闲暇时间都被用来做行前准备。

　　在准备期间，我遇到的最大问题，就是在3月份做了小手术，导致4月份无法进行任何训练。因此，在5月，我必须在短时间内从零训练迅速增加总训练量。我只有8个星期的时间来做好准备。我总是要注意适当训练和过度训练之间的界限。

　　比赛中的问题出现于第四赛段，那真是漫长的一天。在那天一开始的时候，我就生病了，连吃早饭都很困难。在起跑的时候，我就觉得体能不足。过了第三检查站后不久，我开始恶心，随后，我难受得吃不下东西，只能喝少量液体。我使尽解数来分散对难受的注意力。现在回想起来，我都不知道那天是怎么走到终点的。我猜，也许是拼搏精神起了作用。我曾一度领先，赢得了前三个赛段。只要我还能走，就不会放弃。

　　当我看到终点时，我十分高兴。因为直到越过终点，才可以确认自己有能力完成。我流下了解脱和兴奋的泪水。在那个时候，我才开始回忆过去5天中的经历与收获。我觉得赢得比赛有些不可思议，毕竟准备得十分仓促。现在，每每想起，我都觉得成就感十足，除了夺冠，还有训练，以及发现了我的身体比想象中的更强大。

海伦·塔拉诺斯基是2011年安达卢斯终极越野赛的冠军。

种类：多项赛
时间：9月
距离：64公里
主要困难：海流、技术
网站：www.otillo.se
称谓：岛到岛跑游两项赛是一场在独特环境中举办的独特比赛

过来人说："从头到尾都是一场真正的奇特旅程。"

岛到岛跑游两项赛（O till O）

岛到岛跑游两项赛参赛者们穿越整个瑞典群岛，在严格的时间限制内，必须游泳10公里与跑步54公里。这是对耐力与多项技能的真正考验。

与人生中的许多美好事物一样，岛到岛跑游两项赛也是从酒桌打赌开始的。目标是只用人力（例如跑步与游泳），从斯德哥尔摩东部桑德哈姆（Sandhamn）出发，经过18个岛屿，到达波罗的海的乌图岛（Uto）；并且还要携带全部个人物资。第一位挑战者用了2天时间。在随后的几年中，又出现了几个完成的团队。

这项比赛的每个方面，都是为了挑战而设立的。参赛者们两人一组，只有14小时的时限，按照从北向南完成；总共要游泳10公里，跑步54公里。他们要反复下水和上岸38次。9月份的水温在10~16℃。另外，还有一个要求，参赛者要把比赛开始时带在身边的东西带到终点。

虽然中途有若干进入和退出点，但是没有转换区，更没有帮助参赛者打理物件的志愿者。因此，参赛者必须自始至终携带所有物件游泳和跑步。他们最常用的办法就是穿着跑鞋游泳，套着湿衣潜水服跑步。因为水温低，湿衣潜水服是强制物品，中途不得穿脱。因此，许多队伍选择短装样式的铁人三项湿衣，既能保暖，在跑步穿越岛屿时也不会太难受。

为了方便运动员，使用手蹼和辅助鳍是被允许的。手蹼还可以在运动员出水攀爬礁石时作为保护。辅助鳍可以协助在水中推进（尤其是穿鞋时）。不过，因为使用手蹼和辅助鳍节约的时间，会被入水和出水时反复穿脱花费的时间抵消。

拥有游泳技能是成功完赛的一个关键因素

017

手蹼和辅助鳍是可选物品。但是别忘了强制物品，每个队必须带急救包、指南针、哨子和湿衣。虽然设有饮食点，许多人还是会携带自己的食品。所有的物件都得用可以在游泳时携带的防水袋封装。

独特挑战还包括运动员必须适应在游泳时不脱鞋和背着个人物品。考虑到游泳环境，这就更重要了。每一段游泳的距离都不尽相同，为100~1600米。海水是流动的，海浪不仅难以预测，而且来势汹汹。不论游泳技术多么高超，都会遇到挑战。

团队赛的属性，放大了各项难度，在水中，两个队员之间的距离不能超过10米。在陆地上，不能超过100米。这会导致两个人紧密依靠，实力强的必须迁就实力弱的。

无需多言，为了穿越岛屿，参赛者必须跑步。长达54公里的跑步路段，包括土路和卵石路，参赛者很难找到固定的行进节奏，更不用说让身体完全适应某一路况了。这是退赛率居高不下的一个原因。在2011年，96支队伍参赛，只有59支队伍完成。

这就是岛到岛跑游两项赛，一场独特的比赛，它的挑战独一无二，

如何从游泳转换到跑步，取决于运动员

在多礁石的岛上导航，是挑战的一部分

同时又让运动员们饱览斯堪的纳维亚地区的美景。要想完赛，运动员不但要适应环境，而且要战胜各类困境和不利条件。

这是一场既让人兴奋又充满成就感的比赛。

安提·安托诺夫（Antti Antonov）

我与队友比约安·英格隆（Bjorn Englund）赢了2011年比赛，打破了最快纪录。我是三项赛运动员，两次获得夏威夷三项赛的参赛资格，长距离赛的最好成绩是8小时48分。

为了准备参加岛到岛跑游两项赛，我们把重点放在关键领域。其中最重要事项之一就是如何快速入水出水。比赛要经历38次——出水、爬上礁石、到达岛屿、再次下水。每个环节耽误30秒，浪费的时间就是惊人的。另一个要点就是练习穿着鞋游泳。但是，穿鞋游泳会有很大阻力。比赛中会经常用到手蹼，但是带蹼游泳会约束肩部动作，我们也做了大量训练。即使比赛过去两个月，我的肩膀还因为游泳11公里而疼痛。

需要提高的就是越野跑和在与岛屿类似的不平坦地表跑步的能力。这个比赛最适合那些游泳运动员出身的定向越野高手。我住在斯德哥尔摩，在岛屿上和附近湖里训练的机会很多。

水温是最大的挑战之一。几年前，比赛那一周的水温还是18℃。2011年，因为风暴，在比赛之前，水温降至11℃。多数人为了游泳时更轻松，穿了短款湿衣，这下他们可要受罪了。

我们的最强对手是约纳斯·科尔丁（Jonas Colting）和比约安·安德森（Bjorn Anderson），他们是世界知名的长距离三项赛运动员，在比赛前就被看好。我们觉得，他们游泳会比我们快，但是越野跑会慢一些，在比赛中确实也是这样的。我们的目标是保持紧紧跟随。随后，他们因病退出，我们领先全场。

比赛真的很难。我们渐渐地也开始疲劳和被海水弄得犯恶心。但是，哪怕夺冠热门退赛了，我们也要证明我们是凭借实力夺冠。因此，我们依旧为了打破纪录而努力。

接下来，我们要继续压缩最快时间。我们相信，凭着在参赛中学到的经验，能再缩短15~20分钟。一个诀窍就是保持快乐，我们队的关系很好。岛到岛跑游两项赛是绅士的较量，尽管竞争激烈，但是队伍之间的气氛非常友好。我们有了提速的计划，就不在这里说了！

安提·安托诺夫是2011年冠军队成员之一。

种类：自行车
时间：8 月
距离：730 公里
主要困难：高度变化
网站：www.hauteroute.org
称谓：史上最难自行车运动

过来人说："比赛需要坚强的意志，每天都要在疲劳中骑车爬山。"

高地之路

7天，730公里，骑车。有些路段位于阿尔卑斯山区的最难山地。高地之路被称为世上最难自行车赛，是有原因的。

在 19 世纪中期，一群英国探险家第一次探索了一条从霞慕尼（Chamonix）到泽马特（Zermatt）的路。"高地之路"（The High Level Route）之名来源于人类首次用双脚穿越了阿尔卑斯山区的许多高难度山峰，随后，在 2011 年，又有人实现了滑雪穿越，这一名字也被改成了法语中对应的 Haute Route。如今，Haute Route 已经被用于指代任何多日高山徒步了。不过在自行车赛的世界里，高地之路只意味着在阿尔卑斯山区的一场七日挑战。

从日内瓦（Geneva）启程，在尼斯（Nice）结束，路线每年都有变动。但是，长度和难度基本不变。骑行距离约为 730 公里，累计爬升高度可达 17000 米。在路上，参赛者们要经过环法自行车赛的部分路段，还有让世界上的顶级车手都濒临身体极限的山峰。

没有比阿尔卑斯山更吸引骑行者的景色

这些山峰的名称及其挑战都充满了传奇。海拔 2000 米的马德林峰（Madeleine）有 19 公里长的直通顶峰的骑行路段。电报峰（Telegraphe）有 12 公里长的爬山路，坡度达到 7.3%。加里比尔峰（Galibier）海拔 2645 米，有 18 公里长的爬坡路段，坡度达到 6.9%。如果这还不够，那么要是它们都被涵盖在一天的同一赛段内呢？而整个比赛要持续 7 天。

最长的赛段长达 160 公里，同时，它也被认为是整个比赛中最难的。多数赛段的长度在 80~120 公里。不过，这并不意味着其他赛段"简单"。每个赛段都有至少两处大爬升，并且随着比赛时间与里程的推移，每次爬升的难度都在增加。

对参赛者来说，高地之路的巨大爬升是一个艰巨挑战。爬升量以及海拔对身体的影响，都会增加参赛者的体力消耗。连续数天如此循环，是参赛者完成比赛所要面对的最大挑战。

除了海拔与爬升，如同环法自行车赛的职业运动员，在 7 天中，高地之路的参赛者也要在完成一个赛段后尽快恢复体力，以应对第二天下一赛段的相似甚至更远距离的比赛。每个人都必须尽快恢复体力与精力，才能迎战下一个赛段，甚至整个比赛。随着时间的推移，恢复的难度也在增加。如果不能快速

壮丽景色与身体痛苦对比鲜明

没有什么景点比高山下降更令车手兴奋的了

恢复，就不能快速骑车上坡，或是在赛段的后半段快速下降；这些都会导致选手损失时间，甚至无法完赛。因此，参赛者必须控制竞赛、恢复、饮食和饮水等因素。

对从未在阿尔卑斯山区骑过车的人来说，他们还必须快速掌握山地骑行技术。因为比赛的一个挑战是征服众多高海拔的山口。简单事实就是有多少上升就有多少下降，下坡很难，上坡也不容易。下坡不仅距离长，坡度大，而且挑战骑行技术。运动员们结组骑行，要求大家得时刻控制速度和队形。见过环法赛的人都知道，在山路上高速骑行时，一旦摔车是多么可怕。

参加高地之路的通常都是业余或是半职业的资深骑行者，他们的年龄在 20~70 岁，行进的速度也有很大差别。为了控制风险，每一赛段都有关门时间，计算方法是结组骑行的车速不低于 15 公里/时。如果在某一个赛段运动员达不到要求，就会被取消这一赛段的资格，但是，他们仍旧可以骑完剩下的距离。

不是每个人都能完成的。大约有 10% 的人无法到达位于尼斯的终点。

除了痛苦和疲劳，还有风景。高地之路不但是最难的自行车赛之一，还是风景最美的比赛之一。在最美的坡道上欣赏最令人震撼的风景，算是它的奖励了。极端疲惫的运动员们感受到了环法大赛的速度与激情，腿部的疼痛也被难忘的经历冲淡。

第一集团包括一些顶尖车手

令人惊叹的风景与身体上的痛苦形成了鲜明的对比

马克·特纳（Mark Turner）

  我是骑车新手，从 2006 年才开始接触公路车。但是，我还是有耐力运动背景的，例如参加过南极竞赛（Race to the South Pole）。从 2006 年以来，我完成过几次法国业余大赛 L'Etape du Tour，但是从未尝试过多日赛。

  在准备期间，我的时间非常紧张，因此只能把重点放在训练质量上。我居住在霞慕尼，去山里骑车也方便，这真是帮了大忙。我还独自骑车练过不少，不依靠团队助力，这也能提升强度。

  在比赛时，我发现最难的是需要克服为期一周的身心疲劳。身体会逐渐酸痛，每天的第一个爬坡都要努力找回节奏。第三天是恶魔赛段，吓坏了所有的人——包括顶尖车手，尤其是已经经历了两天的比赛以后。有的人越战越勇，还有一些人因为发力太猛和恢复缓慢逐渐萎靡。另一个挑战就是要在每个赛段都将物品打理得井井有条。

  每天都骑行一定时限，也是个难点。它总是无形的压力，让你的感觉完全不同，你得每天奋力骑行，时刻紧盯时间。保持稳定速度和维持体力也很重要。自我感觉好或是趁着别人休息的时候，拼命骑上一天不是难事。但是维持稳定速度是关键。

  关于吃喝，要懂得这一周内身体的营养需求以及能处理什么食物。随着身体对能量胶的厌倦，你在比赛开始时吃的东西，并不一定适合在比赛的后半段食用。

  我们很幸运，在比赛期间，天气晴朗。但是，在阿尔卑斯山区，天气十分多变，恶劣天气会让这一周更加难熬。海拔对一些人有影响，住在霞慕尼对我还是有帮助的。

  比赛要求运动员具备顽强的意志力，这样才能在疲劳时依旧能坚持每天骑车翻山。大家的努力形成了无言的强大纽带，终点的气氛也很好，大家都解脱了。度过这一周，收获难以想象。

运动员视角

  马克·特纳是高地之路赛事的组织者，他完成过首届南极竞赛。

023

关键事实

种类：多项赛
时间：全年
距离：467公里
主要困难：寒冷、意志力、远
网站：www.enduroman.com
称谓：人类已知最难的耐力挑战赛

过来人说：" 如果你想跑到多佛（Dover），游过英吉利海峡（English Channel），然后骑车去巴黎（Paris），许多人会质疑你的理性。但是，有一小撮精英耐力运动员会挑战这三项，这就是世上最难的三项赛。"

耐力达人拱门到拱门（Enduroman Arch to Arc）

在欧洲，有两个纪念建筑见证了厚重的历史，英国伦敦的大理石拱门（Marble Arch）和法国巴黎的凯旋门（Arc de Triomphe），它们都吸引了大量游客。今天，这些历史建筑不仅是游客的拍照热门地点，还是欧洲乃至世界最难耐力赛的起点与终点。这项比赛是如此艰难，截至2011年，仅有9人完成，其中只有一位女性。

运动员在离开大理石拱门后，就要面对极限挑战了。首先是从伦敦市中心出发，跑140公里到多佛。接着，运动员下水游泳35公里，横渡英吉利海峡。然后在加莱上岸，骑行291公里去巴黎。运动员备受生理折磨、心理疲劳、精神麻木，拱门到拱门让世界上最强的耐力运动员们倾尽所能来完成比赛。

为什么如此之难？从哪儿开始？首先，训练就很难。三项超极限挑战中的任何一项都足够艰巨。三项全能更是近似不可能了。运动员们必须做好身体与意志力的双重准备，在比赛前的数月乃至数周中能一直坚持训练。

其次运动员必须在48小时内从伦敦跑到多佛，这样才能赶上游泳开始的时刻。

跑步并不简单，140公里的距离，

游过海峡无疑是最难的一部分

与许多比赛不同，运动员要在繁忙路段骑车

比多数超级马拉松都长；而且运动员要在夜间经过许多路段。并且，在跑步时，你已经知道下个任务了，那就是在跑到多佛的同时，保留体力，准备游泳。游泳横渡英吉利海峡，这本身就是能写好几本书的极限挑战。将它作为如此艰难三项赛的中间部分，已经足够疯狂了。与单一的游泳横渡不同，运动员们可以穿着湿衣，使用漂浮工具并进行必要保暖。但是，服装并不能对抗海流和风浪。海流在很大程度上决定了游泳速度，以及体力消耗。组织者雇了一艘船，为运动员引导最优游泳路线，以及帮助躲避其他轮船，因为这里是世界上最繁忙的水道之一。此外，为保证成功横渡，运动员要保持合理的速度，否则就会陷入涡流，大大增加完成时间。

运动员在游泳时还必须保持运动，不仅为了驱散寒冷，而且要保证有机会前往巴黎。多数优秀运动员都能完成连续骑车 291 公里，但是，在跑完一个超长马拉松，又完成世上最艰难游泳横渡后，骑车就更为困难了。

在心理上，最难的两关已经度过了。但是骑车也会导致疲劳。在这样的比赛中，当心理疲劳和生理疲劳叠加时，运动员非常容易因为意志崩溃而失败。

先不说时限。这个比赛的关门

完成游泳就是比赛的一个高光时刻

时间是 168 小时（7 天）。不过，根据天气与英吉利海峡的潮汐状况，时限可以灵活延展。这 7 天包括了处理疲劳的休息时间（多数人会在换项期间睡觉）。完成的速度其实快得惊人，2011 年前，艾迪·艾特（Eddie Ette）保持着纪录：81 小时 5 分钟。2011 年的史上首位女子完成者瑞切尔·卡德曼（Rachael Cadman）只用了 97 小时 37 分钟。

三个最艰难的极限耐力挑战，构成了对世界上最好耐力运动员的试炼场。因此，它被称为世界上最难的三项赛。

瑞切尔·卡德曼

运动员视角

　　Arch to Arc，最难的就是在 18 个月里坚持训练。在比赛中，自我激励反倒并不是难事。这就是你训练的目的，只管去面对。但是，训练极为艰苦。我自己制订训练计划，我经常担心计划是完全错误的。因此，中间需要参加一些比赛来检验是否训练正确。这是真正的学习过程，这是学习与认识自我相关的心理学和生理学。

　　虽然有高潮有低谷，但是在比赛中，并不难找到激励。

　　我在星期五下午开始跑步，天气十分炎热。前 32 公里，我的心情总是不好。但是，在伦敦跑步，可以有分散注意力的事物，因此还是不错的。我发现我在晚上的表现好一些。32~64 公里，我的感觉好极了。随后，跑到 97 公里，状态又下降了。"现在非常难熬，我跑不了 140 公里，过后还得游泳。"我开始有些挣扎。

　　实话实说，在这 4 天里，最好的时刻，就是跑步结束后，跳进冰水澡盆，然后上床吃个三明治。

　　游泳的最初 6 小时很艰难。天气很差，大风把船越吹越远。这时天色黑了，我的感觉好起来，海面也渐渐平静。太阳升起时，海岸似乎就在前方 500 米处。又过了两个半小时以后（出于海流原因，船上的舵手认为我要花上 6 小时才能搞定），我已经到加莱了。

　　位于巴黎的终点当然很美。我被告知必须钻到地下通道才算完成，我不想走地下通道，还是选择了路面。交通十分繁忙。在比赛结束时，大家都对着我喊叫。

2011 年，瑞切尔·卡德曼成了第一位完成拱门到拱门的女性。

026

关键事实

种类：划船
时间：4 月
距离：201 公里
主要困难：水流、毅力、技术
网站：www.dwrace.org.uk
称谓：世界上最长的连续计时划船赛

过来人说："你知道，每次划桨，都拉近了到威斯敏斯特的距离。坚持，你最终可以到达。"

迪韦齐斯 - 威斯敏斯特国际划船赛（Devizes to Westminster International Canoe Race）

在世界上的这一类划船比赛中，迪韦齐斯 - 威斯敏斯特国际划船赛是距离最长的。它从雅芳河（Avon River）的一家酒吧开始，参加者们要面对一系列挑战：从河边的无生气的村镇，到终点的激流，并且这里是世界上最大的城市之一。它不但是对体力的考验，还是在英国心脏地带的一次奇妙旅行。

即使对那些最资深的划船运动员来说，连续划船 201 公里，也足够考验其意志力。不过，这个比赛并不仅仅是在激流中划船。第一段 84 公里，位于肯尼特（Kennet）与雅芳河；第二段 89 公里，位于泰晤士河（River Thames）。这意味着运动员必须在人力扛船与划船之间切换 154 次，才能到达最后的一段水域。在最后一段，他们告别风平浪静的泰晤士河，进入激流区。在这里等待疲惫不堪的运动员的，不只有湍急的水流，还有繁忙的水上交通和船只残骸。无需多言，拥有通宵划船的耐力和毅力，然后扛着船走走停停过障碍的（32 公里的路上有 35 处障碍），最终到达议会所在地威斯敏斯特对面的人，不会有多少。

挑战者们，能拥有不同寻常的收获。

如同所有这类主意，从迪韦齐斯划船到议会所在地威斯敏斯特的点子也是罗伊·库克（Roy Cooke）在雅芳河畔的一家酒吧里酝酿出的。1948 年，运河的大部分河道还处于废弃状态，然而库克依旧进

挑战者开启不简单的划船尝试

行了尝试，不过，没有完成。但是，在听说了他的行动后，当地的一群童子军（Scout）决定一试身手。随后，在1948年复活节的那个周末，他们带着所有装备，向着伦敦启程了。此事受到公众和媒体的空前关注。报纸急忙刊登故事，剧院也中断了演出，播出实时消息。89小时50分钟后，童子军划船队到达了议会，于是，比赛的雏形正式确立。

在接下来的年份中，又有一些团队尝试了这一路线。童子军的时间纪录也被一次次打破。1949年，里士满划艇俱乐部（Richmond Canoe Club）代表队仅用了49小时。既然大家对竞速的兴趣被点燃了，一位参加者提议，干脆组织一场一年一度的比赛。

在1950年的复活节，17艘船参加了首届正式比赛。里士满划艇俱乐部再次获胜，成绩进入了35小时。英国军队把比赛看作是训练的好机会，从1951年到1970年（1952年除外），来自伞兵、海军陆战队、特别空勤队（SAS）和特种部队的代表队几乎垄断了胜利。

1971年，规则改变了。划船时参赛者不用再携带食品和宿营装备，允许自行招募后援队提供饮食。此后的最好成绩诞生于1979年，是15小时34分。

为了取得这样的好成绩，参赛者们必须夜以继日划船，这是比赛

具有这样景象的终点，不会太多

水道交通是另一个障碍

的最大考验之一。90%的退赛，出现在从亨利（Henley）到温瑟（Windsor）的96公里区间内。夜幕降临，河流在黑暗的乡间蜿蜒流淌，天气寒冷，比赛期间，英国的平均气温仅有6~13℃。在寒冷（而且潮湿）的黑夜划船前进，非常容易导致身体与精神疲劳。

此外，从迪韦齐斯（Devizes）到特丁顿（Teddington，到达最后一段激流区的大门）的77段水陆相间区域，将干扰前进。每一次转换，运动员们都得上岸，扛船步行到达下一个入水点。如果只折腾一两次，尚能忍受，可是，比赛中要经历77次。每次都得中断划船，这让早已疲惫的肢体更加难以负担。

在通过了所有的水路相连区域后，比赛还没有结束，只是改变了花样。泰晤士河是流经首都伦敦且流速最快的河之一，在从特丁顿到议会的29公里河道中，运动员必须与急速的水流进行艰苦搏斗。

如果水势平缓，当然能顺利航行。不过，如果在水流不利时前往特丁顿，那么前进所消耗的能量就会大幅增加。

对那些战胜这一独特英式挑战的人来说，能把船停在世界上最伟大建筑之一的旁边，就是一种奖励了。在肌肉恢复力量和疲劳消散后，世界也会为这些取得了征服最难划船赛的成就的人奉上敬意。

克里斯·温汉姆（Chris Wingham）

2007年，我与同为陆军军官的菲尔·霍布斯（Phil Hobbs）参加了比赛，用了28小时1分钟完成，这让我非常兴奋。不是因为花了多少时间，而是因为"完成"就超出了我的预期。因为我们的准备不足，我们在最后一刻才决定参赛，并且没有划船的经验。参加过的人说我们这样仓促尝试无异于白痴，并且不可能完成。

我猜，这样的观念必然让我们的完成决心更加坚定。在比赛的那天，我甚至想，哪怕用绳子拉着船游200公里，也得完成。

我们都知道比赛很艰苦，但是，身为军人，我们有在湿、冷、累等艰苦条件下进行长时间体能训练的经历。这可真是完美的准备！我们每天都在健身房训练（主要是心肺功能和上肢力量），常做划船练习（平均每周四次，其实这还是不够的）。

对我们来说，最难的就是学习划船。比赛用的船，不是练习时用的、能稳定行进的独木舟！这些赛艇是专门设计用于比赛的，形状狭窄，行驶时也不稳定。在1月和2月，我们都在经历翻船，饱尝落入冷水之苦。这严重影响了能用于训练的时间，因为就算过上一小时，我们还是感觉冷得无法坚持。

另一大障碍就是需要适应在夜间的激流中划船（必须通宵），到达特丁顿，就开始在泰晤士河航行，那可不是平静的水流，必须多加训练。对于在前方运动员的船桨上粘贴反光标志可以帮助保持滑行节奏这样的小事，也得注意。

最大的事故就是在终点前800米，我们在泰晤士河里翻了船。如前所言，这里水流非常不稳定，尤其是河里还有其他大船的时候，但是，我们想充分利用水流，比如在河道中间行驶。麻烦在于，一旦翻船了，我们需要游好久才能靠岸，把船整理好，并再次下水。对技术成熟的队伍来说，在河道的什么部位行驶并不是问题，但是新手们必须认真考虑规划。

能完成比赛令我们很吃惊，因为这是意料之外的。让曾经以为我们疯了才会无经验尝试的人知道我们完成了，更了不起。尽管成绩平平，我还是为取得的成就感到骄傲。

克里斯·温汉姆是一位耐力运动员，完成过2007年的比赛。

关键事实

种类：游泳
时间：全年
距离：32 公里（会有变动）
主要困难：距离、水流、寒冷、毅力
网站：www.channelswimmingassociation.com
称谓：公开水域游泳界的珠峰

过来人说："我曾把横渡看作是全天运动，在出发前一天，我对老板请假说第二天不会上班。游泳结束的第一天，我就上班了。"

英吉利海峡游泳（English Channel Swim）

英吉利海峡是世界上最繁忙的运输水道之一，激烈的海流和无情的寒冷，让游泳横渡成了极限耐力赛事的标杆。

1875 年，Matthew Webb 尝试了只穿游泳衣在多佛海峡（Straits of Dover）游泳，21 小时 45 分后，他到达了加莱（Calais）的海岸。这为后来最有代表性的一项耐力运动奠定了基础。在横渡时，强烈的水流让 Webb 一度踩水 5 小时而没有任何前进，整个横渡过程中，他游了约 64 公里。

如今，多数横渡的距离在 32 公里左右。但是，横渡者们面临的挑战都差不多。困难不仅仅来自距离（虽然距离也是一个明显的难点）。许多游泳者难以控制的因素叠加出现。

首先是寒冷。在横渡的最佳季节（6~9 月），英吉利海峡的水温通常在 15~18℃。根据海峡横渡协会的规定，如果挑战想获得认可，就不能穿潜水服，只能穿着基本款式的游泳衣，佩戴泳镜、耳塞，最多带两顶泳帽，在身上涂一些御寒的黄油来保暖。因此，想去尝试的人，都必须具备丰富的冷水游泳经验，才能在体力上做好准备。

天气难以预测，潮流容易判定。多佛海峡经常出现强大的海流，这很大程度上是由月球引力决定的。每月只有两次海流有利的时机，游泳者们可以在吉日吉时开始征途。但是，下水后，必须抢在海流变向前争分夺秒。海流与游泳的方方面面都有关系，从游泳速度到用来吃东西的休息期。计算失误的后果十分严重。一旦海流变向，游泳者们就得花费更多体力去与海浪搏斗，如同 Webb 所经历的那样。海流对速度慢的人影响更大，在英国与法

不允许穿潜水服

国之间,他们的游泳轨迹往往呈 S 形或 Z 形,所有人都可以维持 3 公里/时的速度,这其中还包括饮食的时间,一共要在海水里度过 12~13 小时。

船只是影响横渡的主要因素。英吉利海峡是世界上最繁忙的航运水道之一,每天都有 600 艘商船和 80~100 艘渡船往返于多佛(Dover)和加莱之间。它们不可能为了避让游泳者而改变航向。因此领航员必须为游泳者指出能够安全快速游泳的航线。有了熟练的领航员,就可以控制与船只有关的风险。但是,影响总是存在的。轮船或轮渡驶近,总会影响心理,对在疲惫度过一天的游泳中造成额外的精神负担。

这就是为什么多数人在尝试时需要海峡游泳协会的帮助。协会拥有经过认证的领航员,带领游泳者通过海峡,并且给出时间和日期的建议,来提高成功率。此外,协会还提供饮食和训练建议,并保存着完成者的数据库。

尽管困难重重,横渡还是成了越来越受欢迎的代表性耐力运动。最常见也是最短的距离是 31 公里,从多佛海峡的莎士比亚海滩(Shakespeare Shore)出发,到加莱和布洛涅(Boulogne)之间的滨海布洛涅(Cap Gris Nez)结束。

目前经过认证的最好成绩来自保加利亚人皮塔·斯托伊切夫(Petar Stoychev),2007 年,他用了 6 小时 57 分 50 秒就完成了横渡。多数人都需要 12 小时以上才能完成,最长时间是 27 小时。英国人阿里森·斯特里特(Alison Streeter)保持着完成横渡次数最多的纪录——43 次,其中有 7 次是在同一年内完成的。

比横渡英吉利海峡更难的挑战不多。"游泳界的珠峰"还算是个

逆着海流游泳会显著增加所需时间

合适的比喻，也能吸引到最厉害和最顽强的运动员。完成横渡的运动员就可以跻身顶级耐力运动员的精英俱乐部，只有极少数人能享有此殊荣。

导航员的熟练程度和海流会在很大程度上影响运动员的速度

迈克尔·李德（Michael Read）

1969年，我进行了第一次尝试，做了许多准备，包括八九次温德米里斯（Windermeres），尼斯湖（Loch Ness）与罗蒙湖（Loch Lomond）双程游泳。在起点，我很兴奋。在尝试前，我的游泳资历已经不浅了（包括达到奥运选拔标准等）。我坚信一定能完成，各类事项也按计划顺利进行。

在我的多次尝试中，遇到过海蜇蜇伤、晕船等；但是，最麻烦的是找赞助来支付费用。我得在游泳时让赞助商开心，这就是很大的压力。

最初，我没想过要创造纪录。我想完成往返横渡。以此为目标，我又尝试了5次。最接近往返横渡的那次，距离边只有1.6公里。我游了一天，晚上7点才赶去多佛，晚上11点开始游泳。我游了一夜，一共在水里泡了29小时，可是还差1.6公里。我累了，而且逆着海流的方向，无法前进。我希望支援者能多鼓励我，而不是让我结束行程，尤其是我后来才知道，再过3小时，海流就会改变方向。

现在，我已经完成了6次横渡，只是还没有破纪录。后来，一位澳大利亚游泳运动员打破了纪录。随后，我们仿佛成了猫鼠游戏，他不断打破纪录，我紧随其后。他从澳大利亚飞来，横渡3次，然后飞回家。我紧接着挑战，曾经在8天内横渡3次。直到他不再来。然后，我才把纪录抢了过来，并且拉大了差距。

在冷水中游泳，我感觉还不错。在我的一次18小时慢速横渡时，水温只有12℃。在尼斯湖，水温甚至低至6℃——我游了14小时30分。在伊斯普威奇的室外50米泳池训练时，我适应了低温。就算冷，我的意志也可以坚持。

在我的漫长游泳生涯中，很幸运的是没受伤。我总是频繁参赛，以保持好的体力。在备战奥运会期间，我每周练22~23次，这还是在有全职工作和要顾家的情况下。早、中、晚我都要游泳，并且是自主训练，没有人强迫我下水。我总是在想去训练的时候才去训练。

我曾经把横渡当作一日功课。在动身前，我对老板说请一天假，但在游泳结束后的第一天我就返回工作了。我每周训练5天，赢得了大师组别的冠军，最近还参加了30公里的超长距离游泳比赛。

能因横渡海峡成为目前的"海峡之王"（King of the Channel）并拥有多项世界纪录，我很骄傲。

迈克尔·李德完成了33次横渡，其"海峡之王"的头衔广为人知。

关键事实

种类：自行车
时间：9月
距离：2173公里
主要困难：距离、毅力
网站：www.racearoundireland.com
称谓：欧洲最难的自行车赛

过来人说："这是非常严肃的任务。但是，有了正确的认识之后，这同样是一次神奇的冒险。"

环爱尔兰赛（Race Around Ireland）

环爱尔兰赛是环绕整个爱尔兰的不间断计时骑行，有充分的理由被称为世界上最难的自行车挑战之一。

爱尔兰是欧洲最美丽的国家之一，不仅有美景，还有友好的氛围。虽然参加环爱尔兰赛的运动员只能有限地享受后者，但是在参加严酷计时赛的同时，依旧可以欣赏前者。比赛的长度是2173公里，称得上是欧洲最难的自行车赛之一。

比赛从米斯郡（Meath）的纳凡（Navan）出发，车手们沿着事先规划的路线，经过19个计时点，回到纳凡，环绕整个爱尔兰和北爱尔兰。他们要面对25个主要爬升，每天只睡2小时，经过许多地标和历史悠久的镇子。此外，参加个人赛的车手，只有132小时的时间完成比赛（另有2人、4人和8人团队选项）。比赛中有严格的分段时限，如果错过，就会被淘汰（除非向大赛申诉成功）。

比赛自带挑战。为了争取完成的机会，车手和支援队都知道每天只能睡两三个小时。睡眠不足和极度消耗体力都是对意志的摧残。因此，支援队要确保车手不但要保持必要的行进节奏以赶到计时点，还要有足够的休息来完成比赛。

在计时的同时，赛道并不管制交通。车手必须像其他骑行者一样决定如何通过镇子和使用道路。他们要严格遵守交通规则，否则就要受罚。反复犯错会被取消参赛资格。

环爱尔兰赛的风格与穿越美国

在严格的计时压力下快速骑行，欣赏美景

竞赛（Race Across America）类似，每个车手至少要有一辆支援车（建议个人参赛者配备2辆车）。支援队的角色十分重要。首先，他们要为车手导航。尽管爱尔兰地区的许多道路有路标，但是比赛经过许多几乎没有路标，或是远离路标，甚至完全不设路标的小镇和村庄。多数队伍都得有专门的导航员，保证不多骑绕远。此外，团队还要负责运动员的营养和饮水，监督其休息。由于对团队的要求同样严格，比赛要检查运动员和支援队在不同阶段的疲劳程度。在任何地点，只要大赛认为一支队伍过度疲劳，就可以强令他们休整4小时。

但是，与车手相比，团队的疲劳不值一提。如此长距离计时骑行所面对的体力挑战不必多言。此外，许多车手在比赛前进行了长达数周的训练，获得在短时间内快速熟睡的能力。不过，在加强体力训练的同时，仍有他们不可控制的因素。

爱尔兰9月的天气易变。温度在4~15℃之间，天气十分复杂，而且几乎肯定要下雨。此外，有时顶风与侧风都会让骑车变得困难。在计时赛中，这些影响都不能被忽视。对自行车竞速来说，强风会增

爬坡有好处

加骑行的难度,更别说在这之前,运动员已经连续骑车三五天了。

如同本书中的其他挑战,环爱尔兰赛吸引了一些精英运动员,他们的成绩十分出色。2009年,只有4人完成,乔·巴尔(Joe Barr)以108小时12分夺冠。2010年,有7人完成,冠军本德·保罗(Bernd Paul)的用时为113小时12分。2011年,维拉里奥·赞伯尼(Valerio Zamboni)成为仅有两名完成者中的第一名,用了131小时36分。由于天气和赛道等差异,很难比较不同年份之间的成绩。但是,这些车手的能力都非常强,成绩也很了不起。

环爱尔兰赛是对最强车手体力和毅力的考验。为了完成,车手必须克服睡眠不足,数小时甚至数天保持快速骑行。这是真正的试金石,能完成的车手,都可跻身精英运动员的行列。

维拉里奥·赞伯尼

环爱尔兰赛这样的比赛,要求早期的身心准备。体能训练是第一步。我通常每周用3天时间做间歇训练,每次不少于3小时。周末的长距离爬升训练时长大约为5小时。准备这个比赛时,我只需要将周末的一天改为短距离的大幅爬升就可以。当然,每2~3周,我得练习长时间骑车(10~12小时),在准备期内,还要完成一些其他的长距离比赛。

精神方面的准备十分不易。你需要强大的自信,用基本目标去维持有效的自我激励。当你的主要目标是完成或是夺冠,就要根据目标来提前调整节奏。

竞争冠军意味着将资源发挥到极致。如果做不到,运动员就得考虑退出。在比赛中,你要花上几十小时去思考保持进度的策略,想其他事情有时也可以帮助坚持。以我为例,我习惯于稍稍减速,然后专注于比赛。

在第一个24~30小时,天气极为恶劣,我只想坚持下去,并没有去思考排名。第二天,天气不时好转,许多车手决定休息。这是一个重要时刻,我必须决定,是要争取胜利,还是仅仅保证完赛。

在与教练讨论后,我打算坚持前进,比其他人节约一轮睡眠时间。从那时起,我做的唯一一件事,就是理解身后最近的对手的睡觉习惯。在他选择睡觉时,我还要坚持若干小时。4天后,我终于让我的睡眠习惯与对手精确匹配。这样做,使我比第二名快了8小时。

当然,如果你参赛,会经历一些诸如发生幻觉之类的怪事。在前3天,我只睡了186分钟,睡眠不足开始影响大脑。在夜间,可怕的幻觉持续了数小时。黄花开始变成小妖怪,它们从路边跑到路中间来攻击我。我知道这些都不是真的,但是这种感觉差极了。

关键事实

种类：自行车
时间：2月
距离：600公里
主要困难：地形、天气、技术
网站：www.ironbike.it
称谓：传奇——世界上最难的山地自行车赛

过来人说："比我以前参加过的比赛更陡、更长、更要求技术。"

铁自行车（Iron Bike）

长约600公里，爬升约为27000米，意大利阿尔卑斯山区腹地的铁自行车赛，是挑战最优秀山地车运动员的残酷征程。

烈风抽打着你的脸，你疲惫不堪，已经在世界上最难的一场比赛中度过了5天多的时间。在这期间，你战胜了身心劳累，完成的爬升高度已经接近两个珠峰。当你穿越云端爬坡骑车时，温度急剧下降。你张开手指，拼命想要让血液流动起来，因为你想保住手指。很快，在到达山峰后，有一个通往山谷的可怕下坡。最危险的部分，是又长又陡的一段台阶路。

这就是铁自行车比赛中的一些荒谬而真实的场景。这是在意大利阿尔卑斯山区的一次远征旅行，粗犷，艰难，有时伴随着危险，这正是它吸引世界上最优秀的山地车运动员的原因。这是真正的体力、毅力与技术考验，并且残酷无情。

8个分段、超过27000米的累计爬升，参加铁自行车赛的运动员们要面对和承受阿尔卑斯山带给他们的一切。没有一个分段是容易的。第一段，距离超过100公里，爬升超过3500米，运动员需要通过各种复杂甚至是具有技术难度的地形。在随后的几天内，每天的爬

风景壮美到令人震撼

阿尔卑斯山区的具有极大技术难度的地形

升大约是 4000 米。上坡极难，通往查波顿山（Mount Chaberton，海拔 3131 米，算是很高了）的高差为 2000 米，并且地形极为多变。所有这一切都让准备和参赛格外艰难。比赛的看点是难以复制的物理设置以及连续分段赛的距离。

不同于公路自行车，山地车既要求力量，又要求技术，并且不论难度如何，每一处上坡都对应着下坡。当然，轻松愉悦的下坡路段，就伴随着难度极大、必须通过精神预判和高超控车技巧才能让车子保持两轮行进的高难度路段，这还都是能骑车通过的地方。一处著名的下坡（只有天气允许才会被用作赛道）包括需要格外集中注意力的登山台阶，不必多说骑车只是一个选项，即使在这样的台阶上行走也不容易。车手们如果想走下去，不但得背负车，还得穿着骑行鞋，这样的鞋子并不是为了走台阶设计的。

当然，这还没有将天气因素考虑在内。在意大利境内的阿尔卑斯山区，天气可能瞬时恶化。因此，车手必须随时准备迎战任何天气，并且要能在不同的天气状况下操控自行车。任何资深车手都会承认，强忍关节疼痛，沿着山谷骑车到达山顶，进入海拔 3000 米以上的"岩石陈列馆"，不论对人对车，都是痛苦的经历。艰难的地形还会让车手面临机械问题。在比赛开始时，每个人都得准备合适的物品，了解修车知识；一些人甚至还需要修车助手。

不必多言，铁自行车赛是一项全面的挑战。同时，它也可以让车手们有机会去体验难以经历的地形与天气。不论是欣赏阿尔卑斯山的壮丽景色还是沿着 2.5 公里长的矿井骑行，都是独特的经验。

当然，在结束了每一段的骑行后，参赛者都可以休息放松。但是，车手们没有期待也不会接受五星级酒店的待遇。如同赛道，住宿条件只是最基本的。所有这一切都可以解释为何完成率如此之低。2011 年，140 人参赛，只有不到 50 人完成。与本书中的其他比赛相比，它的退出率也不低。

从许多方面看，铁自行车赛，都是对世界上最强车手的挑战。它对体力、毅力和技术的要求，是大多数人无法达到的。比赛环境，既壮观又艰难。

马特·佩吉（Matt Page）

诚实地说，参加铁自行车赛，我不知道要面对什么，因此无从准备。既然毫无头绪，我就只能尽量多多出门骑车，积攒在复杂地形上的骑车与搬运车行进的经验。"车骑人"的场面还是不少的。

比赛比我预想的难太多。我知道它很难，我也听人说起，这是世界上最难的山地车赛之一。但是，在第一赛段，我并不知道以后的日子会发生什么，或是以后的比赛是什么样子。

每天的恢复是最难的。每天的难度都超越以往。这样连续循环 7 天，实在是艰巨。最初几天，每天早上我醒来时，都在想必须干的事。随后还有五六天，我担心能否完成。这是最难的。

在比赛中，上升似乎无穷无尽。爬完一个坡，然后是下坡，接下来再如此反复。因为永远要爬坡，你不可能有时间去细想任何事。例如，在某一天，我想向一个了解英国的人解释这个比赛：开始时的爬升是 1000 米，相当于在斯诺顿跑上跑下的越野跑。随后，你还要在 70 公里内完成 3000~4000 米的爬升。在英国的骑车经验中，找不出相对应的数据，因为凑不够这样的爬升。更陡、更长、对技术要求更高，总之，这比我以前干过的任何事都难。

比赛的竞技气氛浓郁，同样也充满了友谊。车手们同舟共济，因为对所有人来说，都不容易——即使是冠军和全力以赴者。每个人都希望能完赛。领先的车手的基本目标是完赛，然后才是夺冠。打头阵的车手在倒数第二天退赛了，这意味着每个人都不容易。如果不能全力以赴，坚持就没有意义。毕竟它太难了，没有一天是轻松的。

马特·佩吉在 2011 年的比赛中获得了第五名，这是他第一次参赛。他在许多国际国内大赛中夺冠。更多信息请看 blog.wiggle.com/author/mattpage。

关键事实

种类：跑步
时间：8月
距离：80公里
主要困难：高度变化、高海拔
网站：www.ironbike.itthemountainman.ch
称谓：在瑞士腹地的80公里越野跑比赛，粗犷壮美，累计爬升达到5000米

过来人说："炎热、漫长、陡峭。"

山人（Mountainman）

雪山、绵延起伏的大地、碧蓝的湖水，让这场跻身"欧洲最难越野赛"行列的比赛，能够舒缓运动员们的心情。

瑞士阿尔卑斯山的景色吸引着世界各地的游人。一些人前来徒步旅行，另一些人选择从山村出发登山。每年都有一个特殊的周末，一小撮被优选的人，前来参加欧洲最难的山地超级马拉松之一。

山人极限长跑在每年8月份举办。运动员们要挑战80公里的艰难山地长跑。在比赛期间，他们要完成大约5000米的爬升和4700米的下降。赛道的海拔最高点是2323米，最低点也有968米。除去又长又难的上下坡，运动员们还要面临高海拔，这是比赛中的

壮观不意味着安全

赛道沿着山崖蜿蜒曲折

又一潜在危险因素。从提特里斯山（Mount Titlis）脚下的特吕布西（Trubsee）出发后，很快就迎来了赛道的最高点：海拔2323米的约什帕斯（Jochpass）。从这里开始，上下坡起伏不断（并且海拔维持在2000米以上），直到抵达赛道最低点布伦帕斯（Bruningpass），先是一段长长的上坡，然后下坡抵达布伦帕斯。在登上斯隆贝尔（Schonbuel）后，运动员们要在海拔1500米以上的地方奔跑。在

到达终点皮拉图斯-科尔姆（Pilatus Kulm）前，还得登上最后一座山峰。在路上，瑞士阿尔卑斯山区的如画美景等待着运动员们，这里有碧蓝的山间湖泊、高耸的悬崖岩壁，还有其他的山地风景。

不过，由于不能错过严格的时间限制，他们可没有时间去细细欣赏。抵达最低点布伦帕斯的时限是 8.5 小时，距离为 30 公里多一点。他们要在随后的 8 小时内再跑 30 公里，到达兰吉斯（Langis）。

2 小时后，得赶到鲁托尔斯玛特（Lutoldsmatt），也就是最后一处爬开前的基准点。对非精英跑者来说，此时恰好入夜，需要在晚上登临皮拉图斯-科尔姆。垫底集团要在 16.5 小时内抵达终点。超时者依旧可以前进，但是成绩无效。时间进度也标志着比赛的难度。

在绝大多数时间里，运动员需要在海拔 1500 米以上的环境中奔跑。就算高度稍低一些，长时间运动对身体的影响也会被放大。对那

赛道沿着山崖蜿蜒曲折

运动员在终点时得到的支持使得这一切都值得

些不习惯在这一高度运动的人来说，头疼、头晕和恶心都很常见。比赛对体能的要求十分苛刻，频繁的陡升陡降会让腿部与心肺都不堪重负。此外，要想完成比赛，运动员不但要管理好身体，还得控制精神心理。

阿尔卑斯山区的天气十分易变。因此，应对意外的长长的强制装备清单也在情理之中。所有运动员都必须携带急救包、适应山地气候的服装以及用于拨打紧急电话的手机。比赛沿途设有补给站，运动员们可在束手无策时向补给站求助。山地救援并不简单，一旦参赛者遇险，可能需要等待很久。

尽管有这些困难与危险，运动员们的表现，还是让人惊讶。2010年，乌尔斯·金瑟（Urs Jenzer）创造了 8 小时 23 分 5 秒的最快纪录。女子纪录保持者阿妮塔·莱曼（Anita Lehmann）的成绩是 9 小时 45 分。考虑到爬坡角度、高度和路线，这已经是同类 80 公里比赛中很不错的成绩了。

适应环境非常重要。顶级跑者都是住在阿尔卑斯山区的运动员。住在环境不同的地区的人，参加比赛自然要面对更多困难，参赛的回报也更大。如果参赛者想认真对待，就要多爬山。

043

伯纳德·胡格（Bernard Hug）与阿妮塔·莱曼

BH：心理上没有特别准备。这是我第一次参加这项比赛，但是我知道部分路线。我总是尽量把赛道——包括路线和饮食补给站记在心中，因为我希望有所准备，稳定发挥。

在体能方面，我坚持每周的正常训练（我有其他工作）。我会每周两次在午饭时段跑步；每周一次骑车往返上班（1小时去程，75分钟回程）；在周末，我安排长距离训练，与妻子去山里慢速徒步，或是不时参加比赛。在重要比赛前，我会先安排2~3周的大强度过量训练，然后再安排2~3周的减量。

AL：无需特别心理准备。我不用提醒自己就要比赛了。在跑步前，我得先动动脑子，可能是什么感觉，遇到什么天气。我从不想负面的事情。

我每周训练跑3~4次，每次时长1~1.5小时。两次徒步，每次6~8小时。此外，还有2次游泳。我养了2匹马，每周要骑马5~6次。我没有训练计划，连心率感应器也没有。所有事情都是遵循感觉。不过，我的训练不是毫无头绪的，我总要想好训练时要干什么。我的训练量不大，但是很有效率。

BH：我的膝盖有点毛病（一种遗传的关节疾病先兆），必须通过按摩和拉伸来缓解疼痛。在参加山人的前一周，我参加了一个2日长距离定向越野赛，跑了5小时。随后的问题就是怎么在一周内迅速恢复。

AL：我的头脑没有任何问题，从未想过退出。遵循身体感受和了解需要什么，非常重要。例如，我在跑步时不怎么吃东西，但是必须灵活安排，如果感到想吃，就得吃。我没有计划，只是随时根据感觉来调整。

BH：跑了5小时，我还不知道排名。山中潮湿（从比赛前一天开始），但是我穿的鞋并不完全适合比赛，只适合在干燥环境中奔跑。因此，我在下坡时浪费了若干分钟，只能在上坡时追赶。

在最后一个上坡，我全力以赴。在这之前，前4名的排位始终在变化中。我感觉良好，没有遇到炎热（30℃）引起的问题。因此，我建立起领先优势。在最后的20分钟，我十分激动，因为我知道我能赢。

AL：比赛非常有趣。女子第二上坡比我厉害，但是下坡不如我。她曾经数度领先15分钟。我总是在下坡时追上她。终点在皮拉图斯山顶，我必须在最后一个下坡获得足够的领先。在最后那个7公里长的上坡，我真是吓坏了。

当我知道胜利近在眼前时，真的是太棒了。到现在为止，我都没见过如此多的终点欢庆人群。太壮观了！

伯纳德·胡格与阿妮塔·莱曼赢得了2011年的比赛。

关键事实

种类：跑步
时间：9月
距离：246公里
主要困难：意志力
网站：www.spartathlon.gr
称谓：世上最难比赛

过来人说："这是真正摧毁意志力的比赛。"

斯巴达松（Spartathlon）

追寻希腊伟大传说之一的足迹，斯巴达松运动员踏上了地形复杂与条件艰苦的250公里赛道，挑战严格的时间限制。

从奥德修斯（Odysseus）到海格力斯（Hercules），希腊神话中充满了名副其实的勇敢行为。但是，几乎没有传说能衍生出像斯巴达松这样沿着数千年前的路线进行的比赛。它源自马拉松战役（Battle of Marathon）。当雅典人面临波斯大军入侵时，他们派出名为菲迪皮得斯（Pheidippides）的信使，前往希腊寻求支援。根据古希腊历史学者希罗多德（Herodotus）的记述，菲迪皮得斯第二天就从雅典（Athens）跑到了斯巴达（Sparta），跑了246公里，完成了一项传奇的耐力挑战。

直到多年后，这一举动才被复制。退役的英国皇家空军中校也是研究古希腊历史的学生约翰·富顿（John Foden）召集了4位战友，他们抵达雅典，想看看能否在一天半以内跑完同样的距离。1982年10月8日，4个人出发了。约翰·舒尔顿（John Scholten）第一个在时限内抵达列奥尼达斯（Leonidas）塑像，紧随其后的是富顿。第三个人是约翰麦克西（John McCarthy），不过他超过了一天半的时限。最重要的是，他们完成了挑战，随后就诞生了斯巴达松这个传奇比赛。

目前，每年约有300人参加斯巴达松。为了达到参赛门槛，参赛者需要具备在10小时30分内跑完100公里比赛，或者完成过200公里比赛，或是完成过往届斯巴达松并且有在指定时限内到达某个特定计时点的经历。

传奇赛道经典赛事

045

关门时间非常严格

比赛共有 75 个检查站，分别设置时限。也许这就是这场残酷比赛的最大挑战：关门时间十分严格，任何错过时限者都会被淘汰。因此，每个参赛者都面临与时间赛跑的精神压力。

上午 7 时，比赛从雅典卫城（Acropolis）开始，赛道穿越雅典，跑者们之后踏上上下起伏不断的漫长朝圣之路，前往柯林斯（Corinth）。

跑者们在历史悠久的村镇中穿行，身边是阿波罗神庙（Temple of Apollo）之类的古迹。随后跑者们进入雅典海岸线附近的山中，将铺装路面甩在身后。对许多人来说，从黄昏时分开始，他们要面对更大的坡度和更难的地形，缓缓前进。夜幕降临，运动员们经过利基亚（Lykia），向桑加斯山（Mount Sangas）的山脚下前进。道路变得更加艰难，黑夜、疲惫（到山下差不多跑了 160 公里）、连续爬坡（1200 米）与不平坦的地形，让那些最顽强的运动员也难以忍受。

爬上了桑加斯山，黎明与终点就在前方。虽然长夜漫漫，前方还有差不多 100 公里，但是最难的部分已经在身后了。从桑加斯山出来，跑者们依次经过特里波利（Tripolis）、泰吉（Tegea，最后的爬升），然后一路长下坡跑到斯巴达。

在列奥尼达斯塑像下，数千人正在欢迎完成比赛的运动员们。所有观众都明白完成这一赛事代表的超凡成就。距离并不是唯一的挑战，运动员们还要面对白天的高温和山区中夜间的低温。比赛涉及的地形多样，不时有坡度。面对严格的时限，跑者必须持续跑动，体力消耗极大。

尽管斯巴达松对参与者们的身心的挑战极为严苛，优秀运动员的成绩依旧让人赞叹。希腊运动员雅尼斯·库洛斯（（Yiannis Kuoros）是无可争议的王者，四战四胜，四次创造最快纪录，最好成绩是 20 小时 25 分，时速超过 12 公里 / 时，连续跑 20 小时，确实令人难以置信。2005 年，库洛斯决定沿着菲迪皮得斯的足迹，从雅典跑到斯巴达，然后再从斯巴达跑到雅典。女子纪录是 27 小时 39 分 49 秒，

比赛的历史为其增加了诱惑力

2011年）。

围绕希腊神话传说，诞生了无数的剧作与书。但是，能再现伟大历史人物事迹的机会却不多。斯巴达松让运动员们有机会比肩历史上的一大耐力成就。完成者们明白，他们已经跻身参加与完成世上最难的耐力比赛之一的名人殿堂。

保持者为日本的稻垣寿美惠（截至

詹姆斯·亚当斯（James Adams）

我跑超级马拉松已经有5年了，2009年前，我第一次参加斯巴达松。从开始参加超级马拉松开始，我就知道这个比赛。我参加过许多大赛，但是，在超级马拉松的圈子里，斯巴达松被认为比其他多数比赛更难。它独具历史名望——如果马拉松长跑的历史没有被公布，那么现在的马拉松就是斯巴达松的样子。在两年前，我就完成了斯巴达松，实现了一大夙愿。再跑一次，就成了我认为有必要再做一次的事之一。

斯巴达松的难点，就是它的关门时间比多数比赛都要严格。总时限是36小时，但是，你需要在9.5小时内跑完前80公里。许多比赛以"最热""最干旱""最潮湿"为招牌，但是斯巴达松相当简单：总长度246公里，天气极为温暖，山路不少，任何一方面都算不上特别"极限"。关门时间的设置让它独具难度，让许多运动员承受重压：难以按照习惯的方式去奔跑，担忧因超时无法完成比赛而被淘汰。你不断地看表和计时牌，计算已经跑了多少。从这一方面来说，这确实是一场摧残意志力的较量。

在其他比赛中，就算犯错，你也有足够时间停下并放松，甚至睡一觉。但是，如果参加斯巴达松，你就只能咬牙前进。

连续跑240多公里，确实对体力是很大的考验。我不觉得这是随便什么人不经历痛苦就能完成的。跑完160公里，还要爬一座山，过程真的很曲折。第一次参赛时，我发现下山的时候很痛苦。不受罪是不可能的，因为这是一场必须咬牙顶住的比赛。

斯巴达松与其他比赛最大的不同，就是你必须控制意志力，就算是进行心理调整，也得在跑的同时完成。完成率大约是40%，这40%是那些真正善于跑的人。这不是所有人都能尝试的比赛。参加者必须经过刻苦训练。

詹姆斯·亚当斯曾2次完成斯巴达松。

卡拉哈利极限马拉松

卡蒂兹自由游泳

开普敦传奇

非洲之旅

同志马拉松

杜希划艇马拉松

地狱沙漠马拉松

非洲

种类：跑步
时间：10月
距离：250公里
主要困难：炎热、地形
网站：www.extrememarathons.com
称谓：挑战，完成一般人眼中的疯狂之举，实现个人成就

过来人说："如果你在沙漠上跑得太过用力，反而会失败。"

卡拉哈利极限马拉松（Kalahari Augrabies Extreme Marathon）

极端气温、无情的沙漠地形，一些地球上最危险的肉食动物以及未知的250公里路线，让卡拉哈利极限马拉松成为对人类耐力的真正考验。

卡拉哈利荒漠面积辽阔，占地约150万平方公里，涉及博茨瓦纳、纳米比亚和南非3个国家，目力所及，如同一片红色的沙海。在这片沙漠中，几乎没有遮阴之处，白昼时分，无情的高温动辄升至50℃。沙漠中偶尔点缀着植物，还有一些水源地，这些地方生活着野生动物，肉食动物和它们的猎物难得和平相处。

卡拉哈利极限马拉松的参赛者，似乎与这样的环境有些格格不入。比赛长度为250公里，赛场就是这片地球上最严酷也是最壮丽的荒漠。

挑战是全方位的，并且在比赛开始前就开始了，运动员们无法提前计划行程，也许根本就没有计划。组织者每年都会调整路线，并且直到比赛前一天的说明会，才会公布本年度的赛道信息。因此，即使运动员们大致了解了比赛环境，他们也不知道要跑向何方。

无需多言，他们将面对沙漠中最具代表性的风景。运动员们每天需要跑30~75公里，路线涵盖的景色从不毛沙地，到茂盛的葡萄园。在每段比赛中，运动员们要为自身

在卡拉哈利，除了挑战，还有美景

的安危负责。这是一场自助风格的比赛，除了按照强制要求携带饮水和每日宿营，其他一切皆由个人自理。

在了解个人身心状态与极端温度对运动能力影响的前提下，运动员要进行事无巨细的准备。对那些居住在凉爽地区的人来说，这是一大难点，因为在比赛前，他们没有条件去适应炎热天气。要想保证完成每个赛段，运动员就必须照顾好身体。在比赛期间，气温变化范围在 –5℃（夜间）到 40℃（白昼）。在每个赛段，运动员必须吃好喝好，才可能完成整个比赛。组织者建议运动员在比赛期间背负 6 公斤食物与饮水，因为他们 7 天大约需要 21000 大卡的热量。到目前为止，第一天背包称重的最高纪录是 16 公斤，其中还包括一块牛排。

卡拉哈利极限马拉松是一场自助风格的探险长跑

上了赛道，所有的问题会接踵而至。准备必不可少，但是处理好比赛中遇到的各种变故，才是最重要的。卡拉哈利极限马拉松是一场荒漠赛，许多赛段要经过柔软的沙地与淤塞的河床，在这些地方，想跑起来都不容易。更糟的是，在白天，沙子会吸收大量的热，让穿越沙地的运动员们更加艰辛。在没有风的日子里，整个沙漠如同炼狱。

除了沙子，赛道上还有岩石和卵石，运动员们要频频面对崎岖不平的地形。对刚到沙漠的人来说，挑战已经足够艰难；对那些已经被酷热折磨许久的人来说，用"残忍"来形容亦不为过。

当然，沙子不仅阻碍跑步，

孤寂的沙漠

还会到处乱钻。袜子里的沙粒会加剧出汗皮肤的摩擦从而产生水泡，许多水泡。运动员从踏上沙漠就被警告水泡问题。处理各类损伤的医生表示，这是最常见的问题。在比赛中，一旦出发，便不太容易找到树荫能让运动员坐下放松双脚。

路边会不时出现一些灌木丛与树木，不过，沙漠中的植物与动物一样充满危险。这里有不少蛇和蝎虫（还有大型猫科动物）。跑者们需要注意灌木的尖刺，以及石头下的动静。就算是对最顽强的运动员来说，所有这一切也是艰难的历练。

参赛者的体力与毅力都被推向了极限。他们在艰苦的环境中参赛，但是，环境同样是对意志顽强者的奖励，他们有机会欣赏独特的风景。如同书中的其他比赛，卡拉哈利极限马拉松是风险与奖励的平衡，吸引着世界上一些顶级的运动员前来挑战神奇的大自然。

艾德沃·查普曼（Edward Chapman）

运动员准备参加卡拉哈利极限马拉松，需要的不仅仅是健康。第一，你需要能完成马拉松的健康水平。第二，你需要超越跑马拉松的能力，因为在长距离赛段，你需要连续跑 70~80 公里。

另外，你需要许多速度练习，因为在炎热环境中，身体的运动负担会更大。速度训练会让身体适应更大强度的运动。比如，如果你在英国，跑 1 公里用 4 分 40 秒；那么在沙漠中，你要想跑到这个速度，就得耗费更多力气。因此你需要让身体习惯这样的高强度。此外还有炎热。酷热和酷寒都是受罪，痛苦是相似的。

炎热会让比赛更为艰难，雾气让身体感觉更热。石头上的雾气，温度甚至能到达 45~47°C，那真是太热了。

第一次参赛时，天气很热，我在一条山沟里。我喝水不多，热得直想吐。我想："我来到这里，第一天就要退出了。"我爬到一处阴凉中，"我在干什么？"随后，我又想："赶紧振作起来，忍住。"我喝了一点电解质饮料，坐了一会儿，降温后继续前进。在那一年，我处处被动。教训就是如果陷入被动，就会越来越麻烦。如果能避免被动，就能控制局势。

卡拉哈利沙漠的地形十分复杂，有许多沙丘与河床，此外还要爬许多山头，这些都是挑战。重要的是不要轻敌，要习惯环境，不能莽撞行动。一旦你轻敌跑得太猛，就会失败。

环境对任何人都是一样。比赛氛围充满了竞争，但是十分友好。这像是一个大家庭，你知道参赛者们都经历了什么，其他人也理解你的感受。在沙漠里，只能靠自己。这真是友好、温馨和相互支持的气氛。

艾德沃·查普曼完成了世界各地的许多超马比赛。查看 edandphil.uk，了解更多。

风景确实独特

关键事实

种类：游泳
时间：5月
距离：7.5公里
主要困难：寒冷、海流
网站：www.freedomswim.co.za
称谓："世界上最难的长距离冷水游泳比赛之一"

过来人说："我不去想寒冷之类的东西，我遇到的最大问题就是鲨鱼。"

卡蒂兹自由游泳（Cadiz Freedom Swim）

冷水让许多参赛者发生低体温症，难以预测的海流推动着涌浪，水下潜伏着最可怕的鲨鱼，所有这些都使卡蒂兹自由游泳成为耐力挑战——名副其实而且充满惊悚。

几十年来，罗本岛（Robben Island）成了南非领袖纳尔逊·曼德拉（Nelson Mandela）的同义词。曼德拉因为其反对种族隔离的政治主张而被拘禁27年，最终于1990年2月11日获释，3年后，1994年4月27日，他当选为南非总统。在曼德拉当选日或其前后日期举行的卡蒂兹自由游泳，是纪念曼德拉获释与南非结束种族隔离制度活动的一部分。

同时，卡蒂兹自由游泳也是世界上最艰难的游泳比赛之一。自从2001年举办首届比赛以来，它的受欢迎程度与名望不断提升，规模扩大到400多人。一些世界上最好的长距离游泳运动员也前来参赛。他们的目的就是征服开普敦（Cape Town）陆地与罗本岛之间那条宽度为7.5公里的海峡。

不过，这并不简单。除了在公开水域和海潮中游泳的严苛体力要求，卡蒂兹自由游泳的参赛者还面临其他多种挑战。

如此接近却如此遥远（路上经历重重困难）

运动员在起点要排队等待数小时

首先，是水的问题。比赛于每年的 4 月底 5 月初举行。尽管此时是南非夏季末尾，但是水温低至 9~14℃，长时间浸泡在这样凉的水中，会消耗运动员很多体力。手臂和腿会更快产生疲劳，在身体运动的时候，血液会集中在躯干以保护脏器。此外，卡蒂兹自由游泳规定不许穿着湿衣，这意味着参赛者只能身着普通游泳衣、游泳镜和泳帽。结果就是长时间泡在凉水里的运动员，躯干温度常常低于 30℃。这是医学上发生低体温症的标志。当然，组织者会提供医疗服务和装备，确保任何下水的运动员在必要时都能得到照顾。尽管如此，风险与挑战都是真实存在的。

水温低只是众多挑战之一，此外，罗本岛与陆地之间的海流与涌浪十分常见，你应当理解为什么这个比赛会成为本书内容。

海峡中的涌浪，范围可达 4 米，罗本岛与陆地之间的海流也十分凶险。支援船也要劈波斩浪，更不必说运动员了。

不论你是否喜欢鲨鱼，都得看着它们。南非水域以盛产大白鲨出名。比赛没有与鲨鱼相关的条款，

除了涌浪的低温，这片水域还以大白鲨多而出名

055

只穿着基本款式游泳衣参赛的运动员

运动员和船只多了,鲨鱼的威胁就小了很多。不过,在充满鲨鱼的海域游泳,总会让参赛者们感到心情紧张。如同其他长距离比赛,良好的心理是完赛的一大关键。参赛者担忧被鲨鱼当成午饭吃掉,总是会把部分注意力放在这上面。

综上所述,比赛并不是人人都可报名的。参赛者必须曾经独自完成从开普敦到罗本岛的游泳(并且提供证据),完成过5公里的天然环境冷水游泳,或者完成过组织者指定的比赛。这些限制,是为了保证当运动员们下水时,身体不至于吃不消。

在比赛开始后,运动员们必须有自己的后援团。每个个人参赛者,或是接力队伍,必须有一艘动力小船陪伴,但是船只不能为参赛者提供任何帮助。精英运动员可以申请划桨船陪同,但是最终决定权在组织者手中。

竞技十分激烈,一些世界排名靠前的长距离游泳运动员经常参赛,争夺10000美元的奖金。曾经创造横渡英吉利海峡最快纪录的克里斯托弗·万拉什(Christof Wandrastch)保持着卡蒂兹自由游泳的最快纪录(1小时33分11秒),奥运会与残奥会运动员娜塔莉·提特(Nathalie Du Toit)保持着女子纪录(1小时35分)。

卡蒂兹自由游泳,是对人类耐力的真正考验。参赛者们要面对体

寒冷自此开始

力、心理和精神的全面考验。一旦下水，便无处躲藏。完成比赛者，可以在大海的另一端获得一顶帽子、一枚奖牌和一件纪念服（可能还有一杯热茶）。

皮塔·斯托伊切夫（Petar Stoychev）

我参加游泳马拉松，是因为想去周游世界的不同地方。随后，我成了世界上最好的运动员之一，这让我有了继续前进的动力。成为第一的感觉，是任何事物都难以比拟的。追求第一和成为第一的感觉都好极了。不过，每天都是艰苦的训练。每周的游泳训练都有 70~90 公里。当我年轻的时候，练得更狠。

我的意志力十分顽强。在这些年里，当我与同伴一起训练时，我告诉自己要赢下所有训练课。在随后的比赛中，也是这样。求胜逐渐成了生活中的一部分，然后，你希望在人生的方方面面都是赢家。

训练时我不喜欢在冷水中游泳，卡蒂兹自由游泳的训练因此变得麻烦。我只是喜欢在这样的环境中比赛。在冷水中身体动作趋于缓慢，肌肉的感觉也不好，在训练不佳的情况下想获得好的结果就更加不易——在比赛中更难全力以赴。

心理准备是参赛的重要一环。我想参赛并获得胜利，是因为这个比赛对我很重要，我擅长在 11~12℃ 的水温中游泳。同时，我怕极了鲨鱼。这比冷水低温等麻烦更让我害怕。怕鲨鱼是我最大的问题。如果我在明年被邀请参赛，我希望能有一套防鲨护甲。

在比赛中，运动员会有很多艰难时刻。要么难以移动手臂，要么没有力气靠摆动手臂来加速。不过，这取决于你的训练以及身体调整。水温有时也会影响运动表现。不过，最具决定性的是意志力，你必须全力以赴。

皮塔·斯托伊切夫是第一位在 7 小时内横渡英吉利海峡者（6 小时 57 分 50 秒）。他赢得了 2011 年卡蒂兹自由游泳比赛，成绩是 1 小时 51 分 54 秒。更多信息请看 petarstoychev.com。

关键事实

种类：自行车
时间：3月或4月
距离：不确定，最长为900公里
主要困难：距离、技术、高度变化和地形
网站：www.cape-epic.com
称谓：富有魔力和野性的非洲山地自行车大赛

过来人说："你骑车穿越辽阔崎岖的美丽大地，非洲为你呈现全景演出。"

开普敦传奇（Cape Epic）

总是变化的路线，对技术与超长体能的严苛要求，在南非最壮丽也是最人迹罕至的环境中，开普敦传奇为自行车运动员们献上一场充满挑战的比赛。

一个好点子会催生无数好想法。开普敦传奇就是一个例子。凯文·沃马克（Kevin Vermaak）完成了哥斯达黎加征服者（La Ruta de Los Conquistadores）自行车赛，随后，在哥斯达黎加的海滩上，就有了开普敦传奇的初步想法，沃马克回顾了世界上最难山地自行车赛之一的征服者之路，然后思考能否举办一场分段自行车赛，来展示南非最美好的风光。

沃马克觉得可行。2004年，他回到家乡，筹备首届开普敦传奇——自东向西贯穿南非的岬角。

现在的路线与初创时不同，其实每年都会有区别。但是，比赛的调性从未改变，那就是展示非洲野性的一面。因此，组织者还设立了一系列规则。车手必须以两人团队的形式参赛。每个队的两名成员前后间距始终不得超过2分钟（通过计时毯监督，3次违规即被淘汰），以每队最后一位通过终点的车手的成绩为准。可见，开普敦传奇是一场独特的比赛。

世界上有许多超长距离的团队比赛，但是，通过技术来监督落实上述规则的并不多。不论什么原因，在一支队伍中，如果一人退赛，其他队员可以作为个人参赛者完成（有特别服装），不过他们不再是比赛的正式参赛者，也不能干预或帮助正在有效参赛的运动员。

比赛规则十分严格，但是设置这样的规则是有原因的。开普敦传奇让参赛者们体验极端与富有挑战性的环境，能接触外界援助的机会非常少。同时，作为一场自助风格的比赛，运动员们也需要以团队形式来尽量保证完成

允许临时组队

每个赛段，乃至整个比赛。

比赛共设 8 个赛段，每年的总距离也不尽相同，大致范围是 685（2009，最短的一届）~966 公里（2008，最长的一届）。考验运动员的，不仅仅是距离，还有剧烈的高度变化。许多赛道位于崎岖的山路上，地形十分复杂，整个比赛下来，总爬升量可能达到 16000 米，几乎相当于两座珠峰的海拔。

赛道有惊人的总爬升高度、大坡度和复杂地形（从水泥路到沙地），意味着运动员不仅要具备优秀的力量，还要有出色的操控能力。不过，对所有车手来说，下坡可能是最难的。下坡时，车手不仅要经常应对布满石块和沙土的不平整路面，还有山崖上的陡峭小路。

在技术地形和高风险环境中骑车，运动员不能犯任何严重错误。其实，在这样的环境中，再加上炎热和疲劳导致反应下降这样的人为因素，犯错是很常见的。任何参加过山地车赛的人都知道，犯错，就有可能毁掉整场比赛。

机械问题也可能让比赛提前结束。缺少外部帮助的参赛环境，意味着所有人都要时刻准备自行修车。组织者会提供车辆服务，是否求助，全凭自愿。

当然，任何在南非荒野中举办的比赛，都少不了野生动物这个话题。

路边的荆棘，对车手和车胎都是常见的威胁。此外还有叮咬人的苍蝇、蛇、蜘蛛、蝎子甚至可能吃人的凶猛动物。尽管动物对人的实际威胁可能并不大，但是超长赛事中的心理因素非常重要，每个人都

2 人团队必须共同参赛，同时结束

富有挑战性的地形，是
比赛的一个特色

能欣赏。这称得上是在令人难以置信的荒原腹地，进行了一次真实的探险旅行。

是的，开普敦传奇让参赛者挑战极限，比多数同类比赛的征途更漫长，更遥远，更艰难。它让运动员们发挥出全部体力与技术，直接接触世上最壮观的风景。总之，这是一场史诗级比赛。

知道，危险的动物就在那里。

这些元素使得比赛独具特色。比赛会回馈那些参加并尝试完成者。路线穿越广阔的私人领地，景色十分漂亮，只有车手和少数人才

尼克·拉蒙（Nic Lamond）

开普敦传奇无关胜负，更多的是联系。首先是非洲的严酷环境。面对一起参赛的运动员，你会感受到人际支持，甚至亏欠。每天，面对艰辛，参赛者一起展现出勇气，共同走向胜利，大家紧密联系在一起。

不论你是世界冠军，地球上最好的车手，还是来自多数人中的纯业余冒险者，赛场上的一切都是公平的：用8天的荣耀来换取铭记一生的感动。完赛3宝：你、你的车以及你的队友。照顾好这3样，保证它们在每个艰苦比赛日结束时都能完整到达终点，坚持8天，你就完成了。

当然，并不是这么简单。要想有最大的完成比赛的机会，就少不了大量的准备工作，重要的是，就算是职业运动员，也要进行这些准备：需要花费数月组装测试适合越野耐力赛的自行车和零部件；此外，还要在健身房和车上进行大量的训练，达到也许是毕生的体能巅峰；最后，你将要与队友成为从此以后关系最铁的人。

如果同时满足这些条件，就有机会完成。是的，提前数月做好每个细节的准备，但是没有绝对的保证。最后，想要完赛，你还需要一点运气。比赛是残酷的，如果运气不好，只要几秒钟，同样会毁掉数月以来的艰苦努力。

高难度的陡坡下降和漫长松软的长坡爬升，带来全方位的刺激。当你骑车行进在广阔而蛮荒的美丽环境中，非洲会为你奉上一台精彩的演出。这是对8天比赛的最大回报，到达终点，百感交集，你必须不断提醒自己，感受来自周围的所有情绪。这就是你参赛的目的。

尼克·拉蒙曾6次完成开普敦传奇。

关键事实

种类：自行车
时间：10月
距离：12000公里
主要困难：距离、地形和天气
网站：www.tourdafrique.com
称谓：对心智、身体和自行车的测试

过来人说："这是一场定义人生的比赛。它让我明白我是谁、我看重什么、我能做到什么。参赛的终极回报，绝不仅仅是各种挑战。"

非洲之旅（Tour d'Afrique）

一场史诗级别的探险，纵贯地球上最神秘大陆之一的心脏地带。纵贯非洲不仅挑战运动员的意志，而且让他们走进一个不同的世界，开拓他们的眼界和心灵。

与本书中列举的许多赛事不同，纵贯非洲本质上是一次旅行。它是一次伟大的旅行，但是"旅行"尚不足以概括全部。从金字塔的影子，到开普敦的惊涛骇浪，它穿越了世界上风景最多样化和最质朴的大洲之一。但是，如果只把纵贯非洲描述为一次观光旅游就错了。纵贯非洲包括一场漫长艰难的比赛，下面是比赛中的种种挑战。

非洲的野生动物，让旅程更加刺激

12000公里的赛程，分为94段和8个主要部分。这样，那些无法用4个月玩遍整个非洲的人，就可以参加其中的某些赛段（当然，这种情况不计入最终排名）。在整个比赛中，运动员们要经历69个全比赛日，4次单独的计时赛，以及8个半比赛日（通常是边境巡游或者城市骑行）。为了在指定时间内完成相应的距离，每个分段的平均长度是123公里，多数赛段的距离为80~200公里。

运动员使用山地自行车参赛，许多道路坑洼不平，这是基本的挑战。为了照顾体力与进行车辆维护，运动员可以享受若干"开恩"日，意思是所有的运动员都可以在总计时中删去若干表现最差赛段用时。不过，这一规则并不适用于某些特别难的赛段。在全部完成的运动员中，总用时最少者胜出。

要想完赛，就得连续骑车。大约400位运动员从金字塔的阴影下出发，穿越埃及，来到红海之滨，然后到达基纳（Qena）的尼罗河

061

美景常常让人流连

畔。夜班渡轮将他们运往苏丹，开始穿越真正的非洲腹地。他们沿着尼罗河骑行至喀土穆（Khartoum），完成八大部分中的第一部分（1955公里）。

第二部分开始了，挑战升级。从苏丹到埃塞俄比亚，风景很美，难度也增加了。不只是疲劳逐渐开始显露，地势变化意味着在一天中可能要完成2500米的爬升。这一赛段对技术与体力的要求极高。运动员不但要忍受连日骑行的疲惫，还要战胜海拔升高带来的影响。此外，在世界上最干燥地区之一，炎热也是一大挑战。

荒漠路段并不长。很快，石头变成了田地，然后是肯尼亚的乡村。这一段略简单，至少有了一些铺装路面。不过，在肯尼亚境内的最后6天，运动员们要穿越迪达-加尔

这样的起点可谓少之又少

穿越大洲，天气多变属于意料之中

格鲁（Dida Galgalu）荒漠中的火山地貌，没有铺装路。

　　运动员们离开了肯尼亚，然后经过坦桑尼亚、马拉维，再经过赞比亚（维多利亚瀑布）、纳米比亚，最后到达南非。一路上，运动员们将目睹难忘的景色，他们一定能看到狮子、大象、长颈鹿、角马和鳄鱼等无数动物。

　　比赛因美景而举世闻名，难度同样如雷贯耳。尽管组织者提供基本的服务，运动员们每天必须独自应对艰苦环境。多日累积的疲劳已经十分可怕，只有管理好营养、饮水，快速恢复，运动员才有机会完成每个部分，甚至整个比赛。非洲的动物世界十分精彩，但是风险同样不可忽视。

　　此外，非洲大陆政局时常动荡，即使比赛路线已经大致确定，组织

者依旧可能根据局势安危来进行调整。

例如，2003年，因肯尼亚动乱，比赛没有途经该地。不过，在多数地方，运动员们可以安全骑行。

2003年和2010年的比赛，参赛者两度刷新了最快纵贯非洲的纪录。后来，在一次非比赛挑战中，速度纪录又被打破。荷兰人罗伯特·诺尔（Robert Knol）仅用了70天就完成了比赛，时速接近22公里/时，快得令人难以置信。

这是一次探险、一场历练和一段人生经历，纵贯非洲是在地球上最神奇大洲腹地上演的史诗级比赛。只有那些最强大、最顽强的自行车运动员才有可能完成。只有完成者，才知道收获是多么特别。

戴维·霍顿（David Houghton）

我的训练就是大量骑行。2004年，我曾完成了7500公里的穿越加拿大骑行等许多个人尝试和比赛，来增加骑车里程。心理准备更加困难。我能做到的，不过就是做好与安全舒适相关的一切打算，我的自行车已经整理妥当，要想完赛，我就得发掘全部体力与耐心。

想要复制比赛中的全部条件是不可能的。这包括：炎热、不平整路面、逐日连续骑行的疲劳。我只是尽量增加骑行训练，不论采用自行车，骑行器，还是动感单车进行训练。不过，这些只能是做好身体准备。好消息是，在埃及境内的平整路面上的骑行，为随后在苏丹、埃塞俄比亚和肯尼亚境内的骑行做了很好的热身。

我很早就知道赢不了。因此我的关注点就是完成每天的距离，不论它有多长。好在每天都有新的风景来补偿骑行时的种种不易，至少暂时是这样的。路边村庄的孩童、温暖的可乐，或者非洲的美景……我尽量调动全部感官来感受这一切，避免情绪低落。

每个人的身体状况不尽相同。我遇到的问题包括连日骑车导致屁股疼、脱水、腹泻3周以及在坦桑尼亚摔车缝针。在为期数月的骑行中，每个人都面临疲劳、自我怀疑和寻找自我等心理问题。每个人都得靠自己来解决这些问题。

能完赛，真是太奇妙了。在骑车前往开普敦时，我哭了，半是喜悦半是感恩。我会清晰记住参赛的4个月时光，我能回忆起每天的细节，它是我生命中的大事之一。因为它让我发现了我是谁、我重视什么以及我能做到什么。收获远远大于挑战。

戴维·霍顿是超长距离自行车运动员，曾在2004年骑车7500公里穿越加拿大，2005年，他完成了纵贯非洲。

关键事实

种类：跑步
时间：5、6月间
距离：89公里
主要困难：高度变化
网站：www.comrades.com
称谓：纪念人类战胜困境的精神

过来人说："不论是上坡年份还是下坡年份，你总是选择过去没跑过的。"

同志马拉松（Comrade Marathon）

第一年上坡，第二年下坡，同志马拉松不仅是世界上最古老和参加人数最多的超级马拉松，而且是最有名的。虽然其地形并不是所有同类比赛中最难的，但是运动员们面临的挑战依旧让它成为耐力运动界的传奇赛事。

与本书中的多数比赛不同，同志马拉松的历史源于战争。一战后，老兵维克·克莱普哈姆（Vic Clapham）返回南非，他决定用一种独特的方式去纪念并哀悼曾经并肩作战的战友。他回想战时参加过的穿越非洲东部萨瓦那地区的2735公里行军，决定办一场马拉松。尽管最初有些不情愿，当局还是批准了在1921年5月24日举办同志马拉松。当时，只有34人参赛，其中16人完成比赛。冠军比尔·罗万（Bill Rowan）的成绩是8小时59分——为史上最慢夺冠时间。从此以后，比赛每年举办，仅在第二次世界大战期间暂停（1939—1945）。

参赛人数逐年递增。2012年的比赛吸引了18000人。他们听到1948年跑者麦克斯·特里姆布恩（Max Trimborn）模仿鸡叫的录音（比赛的一项长期传统）后，踏上了征程。许多人比罗万首次夺冠时快，但是面临的挑战与过去没有区别。

尽管时值南非的初冬，参赛者依然要面临从3℃到30℃的极端温度。

每年都有高水平跑者参赛

同志马拉松是世界上最大的超级马拉松之一

然而，温度仅仅是众多挑战中的一项。

比赛奇数年份向下跑，偶数年份向上跑。比赛距离为89公里，全部是柏油路面，从夸祖鲁-纳塔尔省的彼得马里兹堡跑到德班，或是反向。向下跑并不是全部下坡，运动员们要翻5座大山（The Big Five）：科威山（Cowie's Hill）、菲尔德山（Field's Hill）、博萨山（Botha's Hill）、因查加山（Inchanga）和波利-舒尔茨山（Polly Shortts）。一系列起伏不平的山坡，是对运动员意志力的考验。不断重复的上下坡高度变化，会让腿部肌肉燃烧。

从体力上看，上下坡都不容易。在旁观运动员看来，向下跑似乎简单。但是，持续下坡对大腿与膝盖的冲击是巨大的，此外还有步幅改变的疲劳效应。当然，向上跑也不简单。尽管可能有利于动作（减小步幅与使身体前倾），起伏不断和连续爬坡也会将运动员的体能推向极限。赛道的海拔在0至870米。

这就解释了大赛为什么在2003年将时限从11小时延长至12小时。所有报名者必须达到一定的资质，才有资格参加，以防马拉松新手参赛。一旦踏上赛道，在12小时的

今年向上跑，明年向下跑，各有挑战

能按时跑到山顶或山下完成比赛的人，会得到根据名次和比赛时间制作的奖牌（男、女前十名颁发金牌，在11~12小时内完成可获得铜牌）。不同颜色的号码布数字，标志着不同的完成次数。

历史悠久的同志马拉松，要求所有参赛者毫无保留发挥潜力。不同方向的赛道各有难点。作为世界上最大规模的超级马拉松，它是对人类耐力的真正考验。

12小时的关门时间，保证了参赛运动员的能力总时限之内，运动员们还会面临若干分段时限。

布鲁斯·福迪斯（Bruce Fordyce）

参加同志马拉松的准备工作，与一般的马拉松训练差不多。只是我会增加一些从42公里到64公里的长跑训练。

不管是向上跑还是向下跑，你总是选择没有参加过的。我的意思是，真的有哪个比另一个更简单吗？如果你想得到某类奖牌，并且你的成绩处于临界点，向下跑可能会稍微快一些，因此最好选择在向下跑的年份参赛。但是，你必须记住，更快意味着更多痛苦。在比赛的最后阶段，有许多下坡。在这之前，路线与向上跑类似，延绵起伏，有许多上下坡，还有平地。当你的双腿已经非常疲劳时，突然开始下坡，直到海岸线高度，这时能坚持已经很不容易了。向下跑让肌肉严重受损，是一趟酸爽之旅。

向下跑，最难的部分是第69公里以后，你到达松树镇（Pine Town），接近德班，这里干燥而温暖，十分喧嚣。在这样无趣的环境中，你必须忍受和挖掘潜力。

向上跑也充满艰辛。前半段似乎是在不断爬坡，一路向上。大约59公里处的哈里森平地（Harrison Flats）特别难熬，平坦、炎热、尘土飞扬。周围很无聊，也没有多少观众支持。平地结束后，就该爬山了。最后8公里的波利-舒尔茨山仿佛是一只怪兽，许多人在这里崩溃。

我参加过许多次比赛，有时成绩不错，还有些时候本可以做得更好，这都是我的骄傲。所有人都深知，坚持好过退出。一旦你中途退出，就要再等一年才能参赛了。

同志马拉松非常特别。比赛中的一天，好像是人的一生。感情、身体和精神都要在比赛中受到历练。

布鲁斯·福迪斯9次赢得同志马拉松（包括八连冠），他一共完成了29次。

关键事实

种类：划艇
时间：2月
距离：125公里
主要困难：技术
网站：www.dusi.co.za
称谓：非洲顶级划船赛

过来人说："在人群的欢呼声中，完成一次伟大的划船赛，3天以来所有的辛苦都是值得的；没有比这更好的感觉。"

杜希划艇马拉松（Dusi Canoe Marathon）

这里有可怕的河流与艰苦的环境。不论杜希划艇马拉松的参赛者们选择水路还是陆路，都要面对极限考验。

第二次世界大战时，离家万里的军人依安·佩雷尔（Ian Player）看着营火，萌生了一个想法。从彼得马里兹堡（Pietermaritzburg）划船到德班（Durban），是否可行？在当时，这不过是诸多幻想之一。当时的佩雷尔无法想象，这个想法会演变为非洲最著名的划船比赛之一。

战后回乡，佩雷尔开始把这一想法付诸实践。第一次杜希河（Dusi）漂流尝试止于中途。1950年12月22日，7位划艇运动员加入佩雷尔的挑战计划，尝试征服这段因险滩激流而闻名的河道。他们用了6天8小时15分，成为第一批完成漂流的人。佩雷尔战胜了充

总是会遇到让人崩溃的困难

面对最危险的激流，可以选择搬运船只走陆路

满激流与毒蛇的恶劣环境，证明了划船的可行性。在佩雷尔之后，很快就出现了其他尝试者，这才是探险运动的本性。在5年内，有40人征服了杜希河。50年过去了，这一数字达到2000人。

这项体力消耗极大甚至伴有危险的比赛，到底有什么吸引力？它的难度就是吸引力。尽管完成时间大幅缩短（目前是8小时），但是挑战一样不少。佩雷尔第一次成功时，是一鼓作气完成的。现在，以及许多年来，运动员们的行程是3天2夜。3天的里程数分别是45公里、45公里和35公里。每天，不论是职业高手还是业余玩家，都要面对同样的挑战。

从第一天开始，运动员就要历尽艰险。第一道水中障碍就是厄尼·皮尔斯水坝（Ernie Pearce Weir），当然这还不是最有挑战性的任务。不过，当运动员们列队划船经过这里的激流时，就可以感受到比赛的整体难度。之后，真正的较量开始了。水坝十分常见，激流的难度从2级（常见）到4级（困难）不等。此外，在每一阶段，甚至在许多场合，运动员们都得搬运船只走陆路，有时一次就要走5公里。

随着比赛不断进行，水路与陆路行进的难度和疲劳都在增加。在一年中最热的时候，连续数天划船，运动员们要忍受身心俱疲。在4级激流中，疲劳的手臂、酸痛的躯体和濒临崩溃的头脑，会让运动员们面临更大的受伤风险。当然，在面对迅猛的激流时，那些缺乏自信者可以选择搬运船只走陆路。不过，

运动员在激流中前进

对坚持走水路者，大赛给出的建议，不外乎"祝你们好运"或是"再坚持一会儿"。一些河段水流汹涌澎湃，只建议那些能力最强的运动员尝试划船通过。

搬运也许是相对安全的做法，但并不是最轻松的。频繁进出小艇、背负船只和设备行进以及道路本身崎岖不平，使得走陆路也有无数困难。这里遍地虫蛇，观众和运动员都要小心血吸虫病和伤寒等传染病（大部分可治愈，少数致命）。

无需多言，杜希划艇马拉松首要的危险还是来自河流。2011年，为了解决水位过低的问题，大赛的举办时间从12月改期到2月。这让走水路的困难小了一些。不过，水的质量难以改变，大赛无能为力。低水位意味着更多岩石露出，毁船伤人的风险也更大，以及必须多走陆路。

杜希划艇马拉松的规则十分严格。运动员们可以选择报名的级别：K1、K2、白水（White Water）、观光（Touring）与加拿大式观光（Touring Canadian）。其中以K1与K2级别按年份轮流作为主要级别。报名参加主要级别的运动员，可以降档（使用支援队），并且只能从这支支援队处获得帮助。

杜希划艇马拉松这样的比赛，自带传奇与突破纪录属性。已故运动员格雷姆·波普-埃利斯（Graem Pope-Ellis）是传说中的传说，号

070

称"杜希河之王"（Dusi King）。他参加了46次比赛。K1级别的成绩纪录是8小时3分。这足以说明参赛顶级好手的水平。

尽管比赛的形式变了，但是挑战与路线几乎未变。运动员们不但要与狂野的河流搏斗，还要面对严酷的身心挑战。完赛，不但意味着运动员征服了世界上最难的划船比赛之一，而且他们可以获得宝贵的"杜希河漂流者"身份。

安特·斯托特（Ant Stott）

参加杜希划艇马拉松，在比赛前数月就得开始身心准备。这是一场独特的比赛，你既要练好划船，又得练好跑步。激流多，河水状况复杂，就得到河谷里，去了解不同水位和搬运方案。只会跑是远远不够的。你需要背着船，在放牛放羊的小路上连续跑数小时，此外还要爬山。因此花大量时间去跑山，也是值得的。

在完成了这些艰苦的训练后，你也做好了思想准备。因为你了解了身体的运动能力。

搬运船只长跑非常罕见。你需要尽量避免跑步损伤。在干燥状态下，船的重量至少是12公斤，沾满水的船大约有13公斤，船桨与脚推进器大约有1公斤，湿鞋、围挡、服装和救生背心差不多有1.5公斤，此外还有2公斤饮料。你得背着差不多18公斤物品跑步。在第一天，你要跑差不多16公里。因此，跑步训练十分不易。花时间练习水上技能特别重要，但是，如果没有降水，就没有可供练习的水面。

我总是让训练比比赛更加艰苦。这样，你的身体在参赛前就能经受更残酷的历练，比赛过程会因此变得更可控。尽快完成每一阶段的比赛，就可以多赢得一些休息时间，为下一阶段做好准备。我们参赛时喝的果汁特别好，在湿热的赛场上，就算只喝果汁，我们也可以保持体力。

水路激流凶险，陆路徒步难行，犯错是很常见的。在开始每一阶段的比赛前，你需要仔细检查物品，避免比赛中出现设备故障。船只触礁受损极为常见，有的船甚至断成了两截。运动员们只能用木棍、胶带和玻璃纤维勉强修复，然后继续参赛。扭伤脚的运动员，缠上绷带后忍痛出发，在过夜休整时，可以包扎和缝合开放伤口。

在抵达终点德班时，每个运动员都收获满满。观众的欢呼响起时，就是高光时刻。这一刻，过去几天忍受的痛苦艰辛都值了。奇怪的是，当你完成比赛，在周日醒来时，身体的感觉竟然比前几天要好。这足够让你立即开始准备参加来年的比赛。

安特·斯托特是2008年K2级别的冠军。查看antstott.wordpress.com，了解更多信息。

关键事实

种类：跑步
时间：4 月
距离：240 公里
主要困难：酷热
网站：www.darbaroud.com
称谓：穿越撒哈拉沙漠的 6 日马拉松

过来人说："240 公里，穿越世界上最大沙漠之一，地狱沙漠马拉松因自然条件和艰苦程度而举世闻名。"

地狱沙漠马拉松（Marathon des Sables）

撒哈拉沙漠是世界上第二大沙漠，几乎覆盖了整个北非地区，这片沙地的面积相当于整个欧洲或是北美洲。不过，与这两个大洲不同，撒哈拉沙漠中没有繁华的大城市和多样化的生态系统，只有干旱、荒凉和令人头晕目眩的酷然。沙丘可高达 180 米，狂风吹过，造就了沙丘的形态，为这里少数生物的生活带来了天然的障碍。运动员们同样面临着考验。

长度 240 公里，穿越摩洛哥南部撒哈拉沙漠的地狱沙漠马拉松，是世界上最出名的耐力比赛之一。这场比赛分段赛持续 6 天，竞技日为前 5 天。运动员们每天要顶着 48℃以上的高温，跑 17.5~82 公里。

运动员参赛就得面对残酷的考验，要想完赛，就得具有超强的体能。这不仅仅是在 6 天内跑 5 个马拉松。此外，赛道包括许多松软难行的沙地，运动员跑在上面非常容易疲劳，并且很难进行专门的训练。跑沙漠对脚是残酷的折磨。在细砂粒与炎热天气的作用下，脚上起水泡极为常见。

89~90 公里的长距离赛段，最能体现上述种种。不出所料，精英运动员可以保持快速跑动。但是，

领先跑者是出色的运动员

穿越世界上最大沙漠的经典比赛

其他跑者甚至要比最快跑者多花费差不多一天时间，才能到终点；他们必须在黄沙漫漫的艰难环境中日夜跋涉。

沙漠对运动员的威胁是真实存在的。地狱沙漠马拉松的运动员们被反复警告沙尘暴的危险。当风吹过沙地时，会带起一片沙尘，让运动员迷失方向，找不到前方的道路。在这时，大赛的建议就是保持原地不动，等待沙尘散去。不过，不是所有人都能遵守该建议，曾发生过因沙尘暴迷路的事故。

在沙漠里迷路非常危险。运动员的安全对大赛极为重要。每个人都要携带众多的强制物品，包括求救用的信号弹和抽蛇毒急救的泵。更重要的是，运动员还要携带比赛期间的全部食品。大赛工作人员将食品从一个宿营地转运到下一个。比赛规定运动员每天必须准备含有2000大卡路里的食物（7天总计14000大卡）。比赛会提供饮水，每个运动员都要携带水。除了连日征战，背负水、食品与紧急物资也增加了运动员的负担。背包长跑（训练与比赛）是重要的准备。

运动员可以选择以个人或是团队身份参赛，其中30%的参赛者以队伍形式出现。比赛中的许多数据惊人，赛道每年都有调整，因此很难比较历届冠军的成绩。拉金·阿汉萨尔（Lahcen Ahansal）曾经9次夺冠（他的兄弟夺冠3次）。冠军跑者的速度能接近14公里/时。

这些数字正如比赛一样让人赞叹。穿越世界上最著名沙漠的核心地带，运动员们要面对地球上最极端的环境。完成比赛，意味着不但征服了撒哈拉大沙漠的一部分，而且可以进入少数精英探险家的行列。

在过去数年中，比赛的受欢迎程度不断加深，名声不断提升

073

穿越沙丘，导航是必要技能

尼克·格雷西（Nick Gracie）

我参加地狱沙漠马拉松时，非常享受。这是一次伟大的征途，尤其是对那些还没有频频参加超级马拉松的人来说。论艰苦，它还不如其他一些比赛，因为每个晚上你都可以休息、恢复、处理脚泡；然后在第二天重复行程。不过，对多数人来说，它依旧是艰巨的挑战。于我，它是参加其他赛事的跳板。为了准备参赛，运动员需要进行许多背包负重长跑训练。你必须准备好所有可能有用的物资，以及算好每天的食品。因为你得把这些东西都背在身上。为了监督你对饮食的计算以及获得方式，比赛设置了许多监督环节。

如何保护脚同样重要。不能完赛的，多半是由于脚起泡。体力方面，你只要准备好登山杖，走完就可以。不过，如果不加强脚的训练，不在比赛时好好对待双脚，就会遭遇严重损伤。唯一的办法就是多走。多尝试赤脚行走，准备合适的鞋子。

多数人认为这个比赛只是跑，于是只准备一双鞋。但是，你会把不少时间用于走。走与跑有很大不同。你得让比赛时的鞋合脚。我发现一款运动鞋不错，就买了两双同样的。在训练时，我总是穿其中的一双，在比赛前3个星期，我开始穿新鞋，为了让它能够在我参加比赛时更合脚。鞋子大了一号（因为炎热会使脚肿胀），很幸运，我的脚很皮实，准备是关键。

赛道每年都有变化，多数路面是硬质沙地，跑在上面倒是不算太坏。软沙子和沙丘最麻烦。而且天气有时又干又热。这比湿热环境中的比赛稍轻松一些，只需要携带适当的装备与服装就可以。沙丘与沙漠中的地形是真正的难点。参加过的运动员都说条件艰苦。如果你习惯了马拉松长跑，这个比赛算是向前一步。

尼克·格雷西完成过世界上的许多超长距离比赛。这位昔日的世界越野探险赛（Adventure Racing World Series）冠军，是阿迪达斯探锐（Adidas TERREX）队成员。

长城马拉松

牦牛进击

亚洲

关键事实

种类：跑步
时间：5月
距离：42.2公里
主要困难：地形、高度变化
网站：www.great-wall-marathon.com
素质：无畏，做好准备

过来人说："我在世界各地参加了80多个马拉松，爬台阶是我干过的最难的事。"

长城马拉松（Great Wall Marathon）

总计5164级台阶。有的台阶达到大腿高度，只有老旧的扶手能防止运动员滚下陡坡。此外，酷热与身体疲劳也让长城马拉松成为赛事日历上的独特存在。

长城一度是古代中国抵御北方敌人的军事屏障。2000年后，长城的大部分建筑依然伫立，成了对古人智慧与能力的见证。当然，时至今日，登上长城的不再是战士，而是从世界各地慕名而来的大批游客。去过长城的人，就能立即明白长城马拉松被列入本书的理由。

长城穿越中国北方郊野的崇山峻岭，经历了自然的考验而岿然屹立。不论是圆润的山包还是险峻的山岭，长城沿着山势起伏蜿蜒。尽管在长城上的许多地方，人一旦摔倒就可能死亡。挑战赛跑者中没有出现过这种情况。

这就是长城马拉松的背景。42公里的比赛，是对体力的极大考验（尤其是膝盖）。不是所有的赛道都在长城上，有一段上坡路线是铺装路面。对快要累断腿的人来说，这显然是非常体贴的安排。

难度与美景一样出名。长城马拉松吸引了世界各地的跑者

上下台阶，对身体都是残酷的打击

0~10公里与20~30公里都在中国天津山野中的长城上，恰好2圈，比赛因此被称为长城马拉松。比赛一开始，运动员们就跑上长城，他们要面对不断起伏的台阶，有的只有脚踝高，并不难；另一些可能有大腿高，这是真正的难点。

比赛中要攀爬5164级台阶，这已经够麻烦了。在这些高度各异甚至不太稳固的台阶上上下，需要格外集中精力。有时，唯一能让你保持不摔倒的，就是并不太方便抓握的城墙。跑一个马拉松的疲劳，频繁上下台阶对膝盖、大腿与脚踝的压力，都让运动员们苦不堪言。因此，组织者建议运动员们穿着徒步靴，而不是跑步鞋，这更为赛前准备增加了不利因素。许多人都是走着上下台阶的。高手们才能快速跑动。

除了对体力的要求，比赛时的酷热也是难度的一方面。虽然长城上不会比周围更热，但是日晒十分无情。在长城之外的部分，也没有多少阴凉。因此，所有人都要做好在炎热中参赛的准备。

所有这些，让长城马拉松成了一个挑战身心的比赛。沿途会有医疗队来监测运动员们的身体状况，确保其适合继续参赛。当然，每年也少不了因为无法忍受而退赛者。

坡度极大

上述原因也许可以解释为什么平均而言，运动员们的完成时间大约是他们参加普通马拉松的1.5倍。就算是最快的跑者，也很少能跑进6小时。

从方方面面看，长城马拉松都称得上真正的挑战。运动员在一半的路程上需要高度专注，还要有足够体力去对付起伏不断的地形。此外，马拉松的距离，同样让完成者们在完成时拥有独特的成就感。

亨利克·布兰德（Henrik Brandt）

我总是跑得很多。在过去，我每周都要跑好几次。我们那里的公园有一个圆形剧场，我在那儿跑上跑下，转圈跑，锻炼腿。

不过，因为受伤，我今年去参加中国的长城马拉松前，并没有任何跑步训练。几个月前，太太问我有什么后备计划，我的回答是："没有后备计划，我一定要去中国参赛。"

然后我就去了中国，受伤部位一直在疼，但是并不严重。我每年都想去参加并完成长城马拉松。我不需要去做别的事，只是感到这是我的比赛，我得去完成它。

上下台阶确实很难。但是我不担心。我在长城上，不会去跑台阶。在比赛之初，人很多，跑不起来，基本上只能走。当你第二次踏上长城时，基本上已经没劲儿了。因此我不担心台阶。不过，能力特别强的跑者，确实是跑着上下台阶的，我认为他们能照顾好自己。

但是，爬山时确实热，而且热得要命。

总体而言，我觉得长城马拉松特别好，是我参加过的最好的比赛。

亨利克·布兰德是迄今为止完成过所有12届长城马拉松的唯一一人。

运动员视角

080

关键事实

种类：自行车
时间：3月
距离：400公里
主要困难：距离、海拔、天气、地形
网站：www.yak-attack.co.uk
称谓：让你痛不欲生但是拥有难忘回忆的骑行之旅

过来人说："非常激动。我的个人观点就是，越是接近危险，才越明白'生还'的意义。"

牦牛进击（Yak Attack）

世界上最高的山口，12000米的累计爬升、冻伤、雪盲、赛道不一定可以全程骑车，牦牛进击具有挑战地球上最顽强耐力运动员身心所需的一切要素。

从让欧洲的山峰相形见绌的山脚，到超越飞机平均飞行高度的山峰，喜马拉雅山在亚洲投下了长长的影子。在世界屋脊的影子下，参加牦牛进击的运动员们，要在险峻的山坡和曲折蜿蜒的山间小路上寻找路线。这一比赛被认为是世界上最难的自行车赛之一。

牦牛进击共有10个赛段，总爬升超过12000米。参赛者来自当地和海外，但是，占尽天时地利的尼泊尔本国运动员"统治"着领奖台。

原因？比起低海拔地区的人，生活在高海拔地区的人，在生理方面有独特的构造。他们更适合当地自然环境中的氧气水平，也更熟悉如何对待极具挑战性的地形与极端天气。这些才是牦牛进击的终极

接触尼泊尔文化的独特方式

许多地方无法骑行

考验。

在比赛中，运动员们要面对形形色色的困难。地形是其中最难对付的。乱石、沙地、冰雪各具挑战，有时还需要导航。与其他自行车比赛不同，这里的草地根本不适合骑车（在极端条件下，能占到一个赛段的三分之二长度）。这意味着运动员需要扛车前进大约70公里，并且经常需要扛车通行。

在平地上，这已经够难了。但是，在一些路段要求扛车，更多是因为危险性。要么坡度太陡，要么无法骑行。当然，背着装备，扛着沉重的自行车，也不见得更容易。

赛道的绝大部分可以骑车通行，只是并不简单——12000米的累计爬升，陡峭的爬坡，以及可怕的下坡。路面经常被冰雪覆盖，道路的另一侧就是能导致坠亡的断崖。多数人在每个赛段都要经历几次摔车。受伤，同样是运动员决定是否继续参赛的一大因素。

比赛还有一个挑战。路线中的

世界上最可怕的骑行路线

也有一些能够快速骑行的赛道

最高海拔为 5416 米,运动员必须适应含氧量不足海平面 50% 的环境。在这一环境中,除了心跳必须加速满足氧气供应外,还可能引发急性高山反应。一旦发作,就会头晕、恶心、头疼,严重时可致命。运动员们要拼命快速骑车,每个单日赛段的爬升通常不少于 1000 米(还有很多技术性下降),可见对体力的要求有多么苛刻。从未适应这一环境者,可能要花费数周才能习惯。非本地运动员参赛,其实是自带劣势的。当然,高山地区的天气也是一个挑战。在喜马拉雅山区,可能瞬间变天,运动员们得做好面对极端天气或严寒的准备。海拔5416 米的 Throng La 山口,即使没有大风,气温也可能低至 −15℃,短时间的暴露就可能导致冻伤。在这样的低温中,下坡时控车的能力也会严重下降,让比赛更为困难。

不过,正是这些困难与挑战,吸引着运动员们前来参加牦牛进击。这不是周末休闲骑行,而是面对真正危险,需要突破困境。最快的运动员,完成各个赛段的累计时间大约为 26 小时。最慢的要用两倍时间。所有参赛者都能领教地球上最美丽和最险恶的山地环境,在完成后,都能拥有难忘的记忆,这可是比几道充满故事的疤痕更有意义的财富。

探索尼泊尔文化是额外的收获

马特·哈特（Matt Hart）

去参加牦牛进击时，我真的对它了解不多。我就知道海拔很高，但是，如果再次准备参赛，我会进行许多徒步等非骑行训练。我的骑行训练已经足够多，因此我不担心骑行。我的短板是跑步/非骑行准备。

另外，海拔是不可能做准备的。牦牛进击的最高海拔是5500米——这个最高山口的高度，与珠峰大本营差不多。这一赛段，要从海拔4500米的高度出发，爬升1000米，并且要背着全部物品，在雪地上扛车前进。我每走五六步就要停下歇一歇。想象一下，只有拼命呼吸，才能让身体获得氧气，在半分钟内好受些，正好能走五六步，然后再次力竭。我们如此循环，在暴风雪等恶劣天气中，完成这1000米爬升。既然无法模拟海拔，就得顺其自然了。

对高原反应的畏惧，同样不可忽视。你总是会担心。一旦头疼，就要下撤到低一些的高度。严重的高原反应可在短时间内致死。因此恐惧是必然的。

此外，有那么几个地方，人很容易滑坠，一旦坠落，就再也不会被发现。这可是太刺激了。我的态度就是来参赛，就是要尝试这样的环境，只有在这里，面对如此近距离的危险，才能感受到生存。如果顺利过关——像我一样，那么会印象深刻。

这场比赛是人生的历险。如果你争强好胜并且喜爱参赛，它就是很好的选择。每个赛段都是一场比赛。你有七次或八次取胜的机会。最后，来到尼泊尔，你会大开眼界。当你到达加德满都，见到那儿的人，你会感激生命，用谦卑之心去欣赏壮阔的群山。我到了海拔5500米的世界最高山口，它比勃朗峰还高1000米。我的两侧全是8000米以上的雪山。你依然身处山谷，要仰视群山。面对这些景色，要保持谦虚。

马特·哈特曾经是职业山地车运动员，他成立了Torq Fitness公司。

鳄鱼杯
新西兰海岸到海岸

大洋洲

关键事实

种类：自行车
时间：10月
距离：1200公里
主要困难：地形、炎热
网站：www.crocodile-trophy.com
称谓：世界上最难、最长、最具探险色彩的山地车赛

过来人说："如果你是自行车运动员，又想尝试世界上最奇幻的比赛，就必须试试鳄鱼杯。"

鳄鱼杯（Crocodile Trophy）

需要头顶烈日，骑完1200公里的沙石路面、溪流和灌木丛小路。鳄鱼杯是世界上最艰难的自行车耐力赛之一，最强山地车运动员也备受煎熬。

在几十年间，环法自行车赛激励着世界各地的自行车运动员前去挑战。不过，1993年，格哈德·施隆巴彻（Gerhard Schonbacher）想尝试的可不只是骑车（从1982年到1985年，他是职业车手）。这位澳大利亚人想办一个能与环法自行车赛媲美的山地车赛。首先，他尝试在越南找一条赛道。但是，没有可行性。他又把眼光放回澳大利亚国内，特别是北部。不久，他开始勘探路线。很快，他就定下了鳄鱼杯的起点和终点。

探路并不容易，澳大利亚北部地广人稀。尽管灌木丛里小路交错，但是要想找出一条既能挑战车手，又能通往适合宿营地点的，并不容易。有时连续行进180公里也见不到一个人。不过，在他们的坚持下，首届比赛的赛道很快就测量好了。

每年，路线都会有所调整。但是，运动员们面临的挑战基本相同，并不仅限于对体力的高要求。比赛为期10天，赛道长度平均为1200公里，累计爬升达到13000米。运动员必须具有极为出色的体能，才能到达每个赛段的终点。只要一个赛段未完赛，就会被取消资格。

这些数字只是最基本的情况。离开起点骑上赛道，你就会明白运动员所面对的挑战。

首先是地形。许多赛道在土路或便道上，但不是全部。运动员们要涉水过河，有的河里生活着鳄鱼，正如比赛的名称。延绵不断的沙地赛道可能长达50公里。这不仅需要体力，也要求运动员在背负每个赛段所需补给的同时，能骑重型自行车的技术。

过河增加了难度

如同其他同类比赛，运动员们需要背负每个赛段所需的饮食和装备。随身自带装备格外重要，因为一旦出发，就没有外界援助了。当然，所有运动员都要携带维修工具，并掌握维修知识。精通自行车机械是刚需，因为某些赛段的路况意味着车子出毛病的概率较大。

鳄鱼杯在本质上是一项比赛，并且是严肃竞技。如同环法赛，运动员们分成不同的集团，当机会有利时就会加速。完成每个赛段乃至整个比赛的关键在于运动员理解在多变和困难地形上的集团骑行的意义，以及在比赛开始时就加入合适的集团。这并不简单。如果运动员没有遵守集团骑行的不成文规矩，他们很快就会变得不受欢迎。

解决了上述问题，运动员就有机会拿下比赛。最快的运动员，在10个赛段中，车速能接近30公里/时。完成时间取决于赛道在各年份的难度和长度。然而，在充满意想不到挑战的赛道上，以30公里的时速完成1200公里的越野自行车比赛，确实是了不起的成就，更证明

尽管地形复杂，但是车速依旧很快

了比赛对优秀运动员的吸引力。

　　鳄鱼杯已经达到了创办时的目标——山地车界的环法大赛。它吸引了世界上一些最快的山地车运动员，他们都乐于到人迹罕至处，征服最艰难的环境。鳄鱼杯就像是同类比赛中的野兽。

精湛的骑行技术必不可少

麦克·穆尔肯斯（Mike Mulkens）

　　比赛在10月份举行，我从1月份开始准备，目标就是在比赛中全力以赴。当然，也有全年四处比赛的职业运动员参加。在做好体力准备的同时，你也需要磨砺坚强的意志。如果做不到，对于完成鳄鱼杯，想都不要想。每个赛段都是煎熬，不止一次会遇到精神濒临崩溃的时刻，完成时才是最高兴的。

　　经过三四天的骑行，每个人都会疲劳。每个赛段都很难，但是长距离赛段更难。今年，我们有一个长达190公里的长距离赛段。到达这一段终点的每个人都疲惫不堪。在比赛中，运动员们不仅要面对长距离，还要面对疲劳与炎热。除非生活在澳大利亚，你不可能习惯那儿的炎热。总不可能在欧洲就适应过了，这是最难准备的。如果你不耐热，还是不要报名。

　　有的比赛被称为"世上最难"，但是，看看鳄鱼杯，它才称得上最难。这里有沙地、涉水、上坡、下坡，以及复杂多变的地形。你能看到各种惊奇的事物。这是一次大冒险。在某个赛段，你可能会断粮断水——在抵达下一个补给站之前，你要做的就是活着。有时，你会得到来自对手的帮助。

　　比赛的气氛同样美好。每个人都想取得更好的总成绩。但是，最重要的是享受探险。连续数天没有电话信号与网络，远离现代便利生活。如果你想上厕所，就得拿着铁锹钻灌木丛。这里没有世事纷扰。这就是它与众不同的一大特色。好极了！

　　完成比赛后，我被问到明年会不会继续参加。我说："不，我不来了。"不过，回到家中以后，我忘记了比赛中的痛苦。比赛气氛太棒了，我又想参加下一届比赛。到达终点时，成就感满满。我想去参赛并赢下一个赛段，但是，因为有顶级车手参赛，这谈何容易。

关键事实

种类：多项赛
时间：2月
距离：243公里
主要困难：天气、地形
网站：www.coasttocoast.co.nz
称谓：衡量其他多项赛的标杆

过来人说："非常严肃的任务，但是，如果能正确认识它，就是一次奇妙的探险。"

新西兰海岸到海岸（Coast to Coast New Zealand）

海岸到海岸是新西兰的一项名副其实的人类耐力测试，路线少有人涉足，却串联起了这里最奇异的景色。运动员们要在美丽而蛮荒的环境中完成骑车、跑步与划船。

在塔斯曼海的黎明时分，100位运动员聆听着远方直升机飞近时的低声轰鸣。太阳渐渐升起到地平线上，不一会儿，直升机飞到了人群上方，只是对一些人来说，这个时刻到来得太快了。海岸到海岸，就在这时开始。这是一场撕心裂肺、毁坏肌肉的比赛，它穿越地球上最奇特国家之一——新西兰的心脏地带。从开始到结束，运动员们要骑车经过荒芜的道路和喧闹的城市，跑步翻山涉水、穿越森林；还要在2级难度的水流中划船67公里，挑战瓦马卡里里峡谷（Waikamariri Gorge）的激流和烈风。

这里既有独自参赛者，也有团队竞技。运动员们可以选择一日或二日赛程。一些高水平挑战者会尝试在一天内完成，目前的最快纪录，是凯斯·莫里在1994年创造的10小时34分37秒。其中，骑车140公里，包括3段，分别是55公里、15公里和70公里，跑步36公里，划船67公里；比赛环境可以用"艰苦"来形容。

比赛的起点是一处海滩。运动员们跑步3公里找到各自的自行车，开始第一段55公里的骑行，前往阿肯斯角（Aickens Corner）。这算是比赛的"体验装"，许多运动员组成骑行集团，对抗山路上的逆风。

不过，与整个比赛相比，这段骑行就是开胃小菜。随后是跑步，跑上整个路线的最高点——海拔

不论是新手还是老手，同样都得面对瓦马卡里里河的急流

运动员需要在各种地形中导航前进

大风对骑行十分不友好

1070 米的山羊山口（Goat Pass）。

在跑步爬山时，运动员们要找路（虽然有标记，不过更多的是根据更快者的脚印判断），此外还要穿越河流与小溪。这一切都是在背负给养下完成的。

运动员跑到山羊山口的顶点后并没有得到任何安慰，因为要跑下山，这真是对腿的测试。更难的是，依旧要反复涉水。跑步环节的每一方面，都是对运动员的身心折磨。

跑步结束，比赛的难度并没有降低。15 公里的快速骑行后，运动员们到达白桥山（Mount White Bridge），开始划船。瓦马卡里里河是一条 2 级漂流难度的河流，虽然不是世上最难，但是瓦马卡里里峡谷中，92 公里/时的狂风，依旧是划船技术不熟练者的噩梦，何况他们已经处于极度疲劳之中。

划船环节的规则十分严格。运动员必须拥有证件，来证明可以熟练完成在 2 级难度河流中的漂流。组织者会"砍掉"那些看上去无法应付瓦马卡里里河漂流的运动员。

对熟练掌握水上技巧的运动员来说，顺水划船，是穿越某些困难水域的快捷方式。不过，运动员在这些地段还可能遇到强烈的顶风与侧风。因此，运动员拥有在多种恶劣环境下划船的技能，是完成这一段必不可少的。

最后，是最长的一段骑行。运动员在河里泡了好长时间后，还要骑车 70 公里，才能到克莱斯特切奇（Christchurch）。这时，运动员之间的距离已经拉开，在峡谷中肆虐的狂风，要么助力，要么阻碍骑行。但是终点已经越来越近了。到了克莱斯特切奇，比赛就结束了。

运动员们在终点受到国王一样的礼遇——他们配得上。

新西兰海岸到海岸是考验人类耐力的多项赛，让运动员达到身心极限。新西兰是世界上最美丽的国家之一，比赛让人们见识了这里最多样的地形和最艰苦的环境。完成者们会记得这一场名副其实的耐力较量。

凯文·罗斯（Kevin Ross）

第一天：雾灯的闪光让每个人进入了临战状态，从跑到海滩骑上自行车，是对长时间等待的最好调剂。

在杰克森斯（Jacksons），我们感受着顶风直吹脸面，这可真是骑车的好日子。55公里的骑行很快就结束了，我跳下自行车，跑到阿肯斯角换项区。

"骗术"道路是一条路，但并不容易识别。中途有一条水流湍急的河。

直升机在头顶低飞，这意味着我快要到最高点了。天气无风且炎热，在遍布卵石的河床上，旋翼掀起的气流算得上是最好的安慰。我走过小屋，越过山脊，来到了明佳山谷。

我走过山头，穿越茂密的山毛榉树林，翻过碎石坡，终于到了平坦的河岸。我直接下降到河床中部柔软的沙地上，游过一个深深的水池，这才到了跑步的终点区。我一路上忍着痛苦，只有在终点前这一段不到50米的距离跑步前行。疲劳和欣喜相互交织，我只想躺一会儿。

第二天：短距离骑车被分为10人一组，我们的组被取消了。这是很好的热身，15公里轻松入账。上午最难的就是从白桥山通道下降，不过，在开始划船之前，我们有机会坐下来歇几小时。

河谷令人印象深刻。尖利的灰色岩石从碧绿的河水中露出。我被吓到好几次，一直在担心。

河谷中一直吹着强烈的西北风，沙尘旋转着扑向小船一侧，风速高达92公里/时。

附近的船上甚至有人被吹落水中，落水者狼狈游泳，船被吹得像风中树叶一样飘零。有的人站在岸上，一无所有，只好等汽船撤离，他们知道，这一天算是完了。

西北风刚才还是河道上的魔鬼，现在却成了我刚刚遇到的好友，顺风帮助我完成70公里骑行，道路长、平且直。仿佛在忽然之间，你就到了克莱斯特切奇。警察在主要道路采取了交通管制措施，这简直是国王般的礼遇。

在一块标志牌上写着"距终点还有150棵树"，我知道，快要结束了。

四周极为喧闹，沙地冲刺区一下子进入视线。我终于可以停下了。我站着发晕，不敢想象一切已经结束。

晚上，我躺在一间山景房的床上，难以入睡。身体在向外释放热量，我能听见仍有完成者抵达。我渐渐睡去，脸上洋溢着微笑。

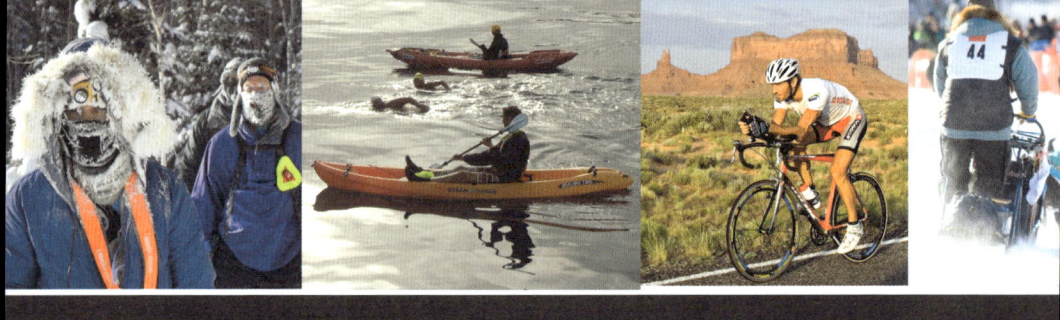

箭头 135

莱德维尔 100

西部 100

卡特里那海峡游泳

穿越美国竞赛

曼哈顿岛马拉松游泳

特维斯杯骑马赛

24 小时场地赛

爱迪塔罗德

育空北极远征

育空长征

恶水超级马拉松

熔炉溪 508

6633 极限冬季超级马拉松

超人世锦赛

超越自我 3100 英里

北美洲

种类：跑步、滑雪、骑车
时间：1月
距离：217公里（135英里）
主要困难：寒冷、天气、地形
网站：www.arrowheadultra.com
称谓：史上最冷，比北极等地的比赛更冷

过来人说："认知比事实重要，如果不介意，就没什么。"

箭头135（Arrowhead 135）

箭头135比赛环境酷寒，极为原生态，参赛者需完成217公里，经历一场生存挑战。

明尼苏达州（Minnesota）北部拥有各种极端环境。在夏季，狼和驼鹿在森林与湖泊中随机出没。鹰和鹗在天际翱翔。但是，当冬季来临时，这个美国北部州就变得荒凉和不适合居住。一入冬，就出现冰雪，在一些地方，气温可能低至 $-40°C$ 到 $-34°C$，有时甚至达到 $-51°C$！箭头135，就是在这样极寒和严酷的环境中举办的。这是一场漫长、艰难和痛苦的比赛。在120位出发者中，只有20%能够完成，不论他们属于哪个类别。不同于本书中的其他比赛，箭头135的参赛者，可在跑步、骑车或滑雪中任选其一。每个组别有不同的报名资格（如同你所预料，多数是要求完成过条件类似的长距离比赛），这就保证了能在1月份参加这场比赛的，都是来自世界各地、最顽强、最快速的高水平超长距离耐力运动员。

这使得高退出率更让人惊讶。但是，当你了解运动员们将要面临的考验时，就会理解为什么如此多人无法完成了。

运动员将面临持续的酷寒。不管运动员选择跑步、骑车还是滑雪，在如此严酷的低温环境中保持前进，都是对体力和精力的严峻挑战。

此外，比赛是全自理风格的。

运动员必须能在极端环境中生存

管理体力分配是战胜地形与环境的关键

每隔19公里设一处营地，只提供卫生设施和烤火工具。其他物品都要自备并全程携带。光是强制物品的清单就十分冗长。所有运动员都得携带睡袋、厨具、灯具、哨子（嘴经常会因冻僵而无法呼喊）和食物。并且在比赛结束时，运动员依旧要背负至少6.8公斤的重量，包括紧急装备和含有不低于3000大卡热量的食品。在极寒中，对疲惫不堪的肢体来说，这一重量的影响十分巨大。

不过，路况还是比较好的。赛道从国际瀑布（International Falls）开始，在福密林湖（Lake Vermillion）结束，后者在没有比赛时，那里主要是供雪地摩托在冬季使用的。在比赛的开始阶段，路况相对较好。它的北段较为平缓，起伏不大，赛道穿越林地和冰湖。随后，难度开始升级。

路线全长217公里，总爬升距离为2300米。运动员完成第二段后，才能稍稍轻松一些。赛道最后的32公里十分平整，通向终点。运动员到了这里，才算是完成了最难的部分。

但是，运动员们依旧要奋力前进。箭头135的关门时间非常紧张，从早上7点开始，必须在指定时间内前往3个计时点，第一个是第56公里，需要在14点前完成。第二个是第112公里，需要在31小时内完成。第三个的时限是52小时。比赛总时限是60小时。

当然，一如其他同类赛事，冠军的时间快得让人意外。

目前，自行车组的纪录是15小时50分，跑步组为37小时59分，滑雪组为36小时5分。当然，只有最优秀选手才能达到这一水平。2011年，尽管滑雪组的参赛人数达到历史最多，但是无人完赛，可见其难度。

箭头135将运动员置于体力极限状态。酷寒的天气、艰难的环境、烦琐的自理要求，这些都是让多数人无法完赛的原因。击败世界上若干顶级运动员的成就感，是完成者们最大的收获。如果你够勇敢，就报名吧！

097

约翰·斯托卡普（John Storkamp）与杰里米·科尔沙（Jeremy Kershaw）

JS：显然，体能准备极为重要。就跑步来说，过去参加超级马拉松的经历会有很大帮助。同样重要的就是了解冬季严寒。

JK：其实，我认为体能准备最为简单。多爬山。我背负装了27公斤沙子的背包。在精神方面，作为一名狗拉雪橇向导多年的经历很有帮助。我知道该怎么应对寒冷、潮湿与疲劳。我就靠着这些知识从一个计时点移动到终点。我就是"感觉"参赛没问题。

JS：参加这样的比赛，心理因素当然不可低估。在这样的比赛中，时间与空间会以你想不到的方式发生扭曲，除非你有过感受。早上7点半才会看到日出，下午4点天色就变暗，因此运动员夜间独自行进的时间不少。不是每个人都能这么做，因此需要正确的认知。

JK：作为两个年幼孩子的父亲、丈夫和注册护士，我觉得很难抽出时间去"充分"训练。比赛时白天的时长很短暂（因此夜间训练很有帮助）。

JS：这个比赛，其实是在不舒服的状态下尽量追求舒适。多次完成箭头135的埃里克·约翰逊有过精辟描述："意志力比环境更重要。不介意，就不难受。"真相就是这样的。你必须随遇而安。你要保持不妥协的态度，并告诉自己："唯一的结局，就是我能完成。"

JK：比赛的一个难点，就是开始的时候，你会被骑车、滑雪参赛者和其他的跑步参赛者超过，他们可能太快了。你想"我一定是倒数第一了！"从经验上看，这些人中有一半无法完成。这是一场消耗战。

JS：不管你多么有能耐多么有经验，总是会遇到问题，希望这些问题不至于让你惊慌，这很重要。在−40℃的环境中，不睡觉完成160公里人力穿越后，在室温下进行快速修理车子这样的日常活动，也几乎不太可能。你必须能接受现实，有足够的调整空间。在这样的比赛中，不愿灵活调整的人，经常会在遇到困难时崩溃。

完成箭头135这样的比赛，我的感觉十分特别。外界的关注、喝彩不会太多，这主要是个人娱乐，发自内心。一方面，能完成当然高兴；另一方面，在过去的几天，经历了紧张情绪与激动，也体会了自理与最纯粹的坚韧。卸下这些情绪，走进内心，真的不容易。这段经历会给你留下印记。它会在冥冥之中吸引你，使你很难拒绝重返赛场。

JK：去年完成了跑步/徒步项目，是我人生中最大的耐力运动成就。在那样艰苦的条件下，我可以继续前进，甚至"比赛"，让我十分满足。当我写下这段话、回忆比赛时，我确实感到被骄傲包围，太有趣了。

约翰·斯托卡普完成过4次箭头135，其中，第一次是跑步完成。杰里米·科尔沙完成过箭头135的所有项目。

关键事实

种类：跑步
时间：6月
距离：160公里（100英里）
主要困难：海拔、高度变化
网站：www.leadvilleraceseries.com
称谓：创造传奇的比赛，检测耐力

过来人说："我觉得比赛最大的体力挑战就是在这样的海拔下跑步。"

莱德维尔100（Leadville 100）

高海拔、极限温差、令人力竭的赛道，这就是莱德维尔100，或称"天际赛跑"（Race Across The Sky）。它的举办地，是美国景色最壮观、环境最艰苦的地区之一。

19世纪50年代，拓荒者在莱德维尔发现了黄金，吸引了许多人前来。不过，恶劣的冬季环境，又将许多人驱离此地。随后一些人又回来了，在这里建设了城镇。最初，这里是蛮荒的法外之地，繁荣全仰仗山中的金矿。过了若干年，金矿枯竭，繁荣也一去不返。到了20世纪80年代中期，这里成为美国失业率最高的地区。肯尼斯·克鲁勃（Kenneth Chlouber）与梅瑞利·马宾（Merilee Maupin）想到一个主意，恢复城镇的昔日风貌，吸引游客。他们策划了"天际赛跑"，想办一场160公里的超级马拉松，来挑战全美国最优秀运动员们的体能与毅力。

尽管存在对运动员生命的担忧，比赛还是大获成功，赛事在创立初期的声望，为它成为随后的跑界传奇奠定了基础。现在，它吸引了来自世界各地的运动员与观众。作为地球上最难、最艰苦的比赛，它吸引了许多志在挑战的运动员，不过，完成率常常低于50%。

莱德维尔100被称为"天际赛跑"，是有足够理由的。在赛道的最低点，海拔依旧有2800米。最高点——希望山口，海拔为3840米。对任何运动员来说，这都是对心肺的严峻考验，尤其是那些适应不足的人。在这种环境下进行

运动员有备而来，度过漫长的一天

海拔、天气易变、高难度上坡，莱德维尔100集齐了这些元素

长时间运动，容易导致恶心、喘粗气和头疼等阻碍运动的问题。运动员想要参加和完成比赛，就必须考虑到这些问题。在比赛之前，组织者也一直在强调适应环境的重要性。

难上加难，从最低点到最高点，水平距离只有8公里，爬升达到1040米。在完成比赛时，运动员又要把这段路再跑一遍。不同于许多同类比赛，莱德维尔100采用的是原路往返路线。在折返点，要从希望山口跑下来，运动员到达此处，又得跑下坡，对已经疲惫的肢体来说负担就更大。路线的变化，加大了风险。

比赛从凌晨4点开始，多数人得经历漫长的夜跑。山中的温差很大，白天可高达26℃，夜晚能降至-3℃。此外，天气十分易变。一小时前在阳光下奔跑，一小时后在大雨中穿行，也如同家常便饭，这意味着所有参赛者不但要携带足够的防寒防雨装备，还得照顾好自己。低体温症是实实在在的威胁，尤其是在折返后，运动员要想完成比赛，保证健康，就得了解身体对不同环境条件的反应。

饮食与饮水也是同样需要运动员重视的。山区的湿度可能低至5%。运动员更容易出现脱水。与其他超长距离比赛类似，管理好饮食，是完成的重要条件。

运动员要想在参加莱德维尔 100 时能持续行进，更是如此。在比赛中，所有运动员都要接受体重检查，如果体重下降超过 7%，就会被强制退赛（对体重下降 3%~5% 的运动员，医疗官有权利要求其先通过吃喝恢复正常体重，然后再参赛）。挑战的难度与山野的危险性共存，组织者竭尽所能来确保每个人能健康而安全地离开赛场。

在完成者中，马特·卡本特（Matt Carpenter）格外开心。2005 年，他创立了 15 小时 42 分 59 秒的速度纪录，完成于太阳仍未下落时，让这一成就格外引人注目。自从比赛创办以来，这是第一次。

高海拔、上下坡，莱德维尔 100 是一场全面的历练，这是对身体、心理和头脑的一次历练，对许多人来说，它太难了。不过，这正是它的诱人之处。在完成这场传奇赛事的人看来，一处先前只在历史书中见过的地名，成了一个闪烁的信号灯。

瑞安·桑德斯（Ryan Sanders）

我住在南非的开普敦（Cape Town），那里位于海平面高度。在比赛前 5 个星期，我就去莱德维尔适应当地的高海拔环境。这是我的第一个 100 英里级别比赛。因此，我进行了好多次 5~8 小时的长跑作为训练。我想的就是去参赛，好好玩。

在训练时，最难的就是运动员怎么适应海拔，而且不至于过度训练。在高海拔环境中训练，运动员需要更长的恢复期。

我把比赛分解成若干小节，只专注于抵达下一个补给点。到达后，我就想怎么再到下一个补给点。我喜欢那儿的环境和比赛氛围，它可以让我的思维暂时离开竞赛。我非常想赢，因此在后半程奋勇争先。

我出现过多次状态波动，其中许多是心理问题，应对方法是只专注于比赛中的积极因素。我也经历过数次血糖下降，应对方法就是多吃多喝。在最后的 30 公里，我的腿非常酸痛，不去想就不会难受。

我实现了夺冠梦想，真是太好了。拿着南非国旗跑最后 100 米，我的心情非常激动。踏过终点，我的情绪亢奋，但是身体非常疲劳。为了参赛，我进行了精心准备，胜利就是回报。

瑞安·桑德斯赢得过许多超级马拉松赛的冠军，其中包括 2011 年莱德维尔 100。更多信息请见 ryansanders.com。

关键事实

种类：跑步
时间：8 月
距离：160 公里（100 英里）
主要困难：炎热、地形、高度变化
网站：www.ws100.com
称谓：历史最悠久、最难的超级马拉松赛之一

过来人说："炎热、海拔和温差，让西部 100 的赛道打败了赛马，更不用说人了。"

西部 100（Western States 100）

特维斯杯（Tevis Cup）以环境艰苦闻名。从 1955 年文戴尔·罗比（Wendell Robie）首次尝试以来，许多骑手和他们的赛马在这里遭遇失败。1974 年，格迪·恩斯雷（Gordy Ainsleigh）认为该升级玩法了。

恩斯雷曾经完成过 1971 年和 1972 年的特维斯杯。不过，在 1973 年，他的马扭伤了脚，只好退赛。他因此有了一个想法：在骑马完成之外，为什么不试试跑步完成呢？同样的路线、同样的时限，挑战更为艰难。在至少有一匹马被热死的酷热天气，恩斯雷完成了这次"跑断腿"的尝试，用时 23 小时 42 分。他向自己和比赛组织者证明：跑步完成是可行的。

在接下来的一年，2 人尝试跑完，只有 1 人完成。1977 年，诞生了首届西部 100 耐力跑赛。14 人与参加特维斯杯的赛马同时出发，只有 3 人完成。跑进 24 小时时限的，只有冠军安迪·冈萨雷斯（Andy Gonzales）。因此，关门时间被延长到 30 小时（次日上午 11 时）。次年，跑步与赛马分开（目前，跑步比赛马提前一个月举行）。从此，西部 100 的主要规则被沿用至今。运动员面对的困难也是相似的。

只有那些世界上最好的运动员，才有可能战胜西部 100 的天气、海拔和路况。它的起点在海拔 1900 米的斯阔谷（Squaw Valley），随后，在 7 公里距离内爬升 780 米，这还只是开始。在比赛中，运动员要完

天气就是折磨

景色多变　　　　　　　　　　　　　　　　　　每前进一步都在考验运动员

成5500米的累计爬升和7000米的累计下降，跑160公里。他们要翻越山口、爬上高山，走过陡峭的山路。

长距离、陡坡、海拔高差，是比赛的3大难点。不过，天气也许是最难对付的。

山区的温差很大。比赛在早晨5点开始，运动员们经常在零下温度中等待发令枪声。并且几乎所有的运动员都要经历夜跑。

不过，冷只是令人不适的一方面，它无法与酷热相比。路线穿越的地区，容易因炎热天气发生山火。地面吸收太阳热量，将它投射给运动员。在峡谷中，温度可能超过43℃！

每个运动员都要能够适应这样的温度变化，这会影响到比赛中装备、饮食和饮水等方方面面，所有这一切都与完成比赛关系密切。

以上的环境，以及比赛的名气，让组织者设置了门槛要求，筛选合适的参赛者。

运动员要想报名，就必须完成一系列资格赛，并且最慢要求是能在11小时内跑完80公里，在14小时内跑完100公里，或者在规定的关门时间内跑完160公里。只有达到这些要求，运动员才能获得决定最终名额的抽签资格，组织者从帽子里抽出写着入围者姓名的纸条。每年的名额只有区区369个。

103

不过，这同时意味着参加者能达到某个标准。每年，跑进30小时以内的完成者人数各不相同。一般而言，差不多有六七成。2010年以来，杰夫·罗斯（Geoff Roes）保持着15小时7分的最快纪录。安·崔森（Ann Trason）在1994年创下17小时37分51秒的女子纪录，并保持至今。

运动员在24小时内完成可获得银皮带扣，在24~30小时内完成可获得铜皮带扣。所有完成者，都在北美洲一处最恶劣环境中，战胜了让许多优秀赛马折戟的赛道。

卡尔·哈格兰德（Karl Hoagland）& 艾利·格林沃德（Ellie Greenwood）

KH：在比赛前一年的12月份，你就能知道是否获得名额。从那时起，你便不会忘记下一年度6月的这场命运之约。这让我很激动，也很害怕，就像是一块心病。只要你的思维稍有闲暇，就会想到比赛的事，这是摆脱不掉的瘾症。

EG：在大多数时候，我是独自训练的。我觉得这是很好的心理准备。比起有伙伴陪同，独自出门去跑长距离更不容易。我不会跑得太长。最长训练的时间一般也不超过5小时。不过，在周末，在连续两天中，我每天跑4~5小时。这样，我能适应在疲惫时继续奔跑。

KH：在比赛中，维持跑动并不难。时光飞逝，尤其在你的思维离开身体，成为看客的时候。不过，如果你想玩真的，就只能奋力前进，保持专注和积极思考。最开心的地方就是终点，其次是起点。你经过了所有必要的准备，也不用继续忐忑不安，现在要做的就是跑完这160公里。站上起点，反而是最大的解脱。

EG：西部100是我的第一个100英里级别比赛。不论过程好坏，只要能跑完，就是成功。当然，我的目标可不仅仅是完成。在规定时间内跑完，只是我希望能实现的最基本目标。

KH：到了终点，就是巨大的快乐。当然，也有点失落。因为在这一刻，你所拥有的只是关于比赛的最真实记忆。因此，我在完成时总是与亲友团和陪跑员手拉手，这是团队成就。共享胜利，会让这一时刻更令人开心，更值得记忆。

EG：到达终点，我才相信赢了。在比赛的最后30公里，我跑得很快。不过，在最后10公里，我仅仅位于第3名，比第一名落后了9分钟。还剩5公里的时候，我反超了。但是，我依旧没有获胜把握。在这样的长距离比赛中，很难不提前去想谁能夺冠。但是，我在最后关头还能拼一拼，赢得有些意外。我学到的就是只要比赛不结束，就要保持专注。要想发挥出全部能力，或者夺冠，不放弃，真的很重要。

卡尔·哈格兰德多次参加西部100。2011年，艾利·格林沃德第一次参赛就获得了女子冠军。

关键事实

种类：游泳
时间：全年
距离：35公里
主要困难：长距离、水流、寒冷
网站：www.swimcatalina.com
称谓：美洲大陆能在难度与距离方面与横渡英吉利海峡相比的唯一的公开水域游泳赛事

过来人说："在比赛时，我的哲学就是参加人体实验，我的方法就是保持身体可以活动。"

卡特里那海峡游泳（Catalina Channel Swim）

伴随着巨大的浪涌、冰冷的海水、凶恶的鲨鱼、漆黑的暗夜，卡特里那海峡游泳不但考验体力，而且挑战意志。

马修·韦伯船长需要为这个比赛负一些责任。1875 年，他成了第一位横渡英吉利海峡者，成了长距离游泳的开创性标杆。50 年后，纽约人基尔特鲁德·埃德尔成了第一位横渡英吉利海峡的女性，并以 14 小时 39 分的成绩打破了当时的速度纪录。一夜之间，她成了享誉国内外的英雄。威廉·威格利（William Wrigley）是对她的经历格外感兴趣的众人之一。受到埃德尔（Ederle）游泳赛的启发，他决定发起横渡卡特里那海峡的挑战赛。从洛杉矶（Los Angeles）文森特角（Point Vincent）的圣·卡特里那岛（Santa Catalina Island）出发，横渡海峡。1927 年，102 位游泳运动员离开阿瓦伦（Avalon），争夺 25000 美元的赢家通吃大奖。只有乔治·杨（George Young）一人完成。

杨用了 15 小时 44 分 30 秒完成了 35 公里的游泳。考虑到导航因素，实际游泳距离要多一些。在游泳时，他遇到了强大的浪涌与海流、大面积的漂浮藻类还有危险的鲨鱼群和水母。

时至今日，挑战者们依旧要面对这些威胁。这就解释了为什么从杨的第一次尝试至今，成功者的总数只有 200 位出头。

与横渡英吉利海峡类似，人人都可在全年的任意时段尝试卡特里那海峡游泳。不过，考虑到天气与海洋状况，多数人选择在暮春到夏末这段时间。此时的水温大约是 13~21℃。在接近陆地时，水温还会更低。在冷水中长时间运动是尝试者们面临的主要挑战之一。

海水的温度和平静程度随时变化

与其他的长距离游泳挑战活动类似，卡特里那游泳同样不许使用湿衣。运动员们只能穿戴最简约的泳装、泳镜和泳帽三件套。因此，他们必须依靠基本物件应对低水温。失温是一大威胁。许多运动员败给了长时间在冷水中浸泡引起的疲劳。

海峡中的水，会让浸泡于其中的运动员更加不适。从下水开始，比赛就充满了困难。长距离游泳，最好的起点与终点选址，分别要求后方与后方没有水域。而卡特里那海峡游泳的参赛者，从一开始就要与锋利的礁石与浪涌为伴。离开作为临时庇护地的圣·卡特里那岛后，洋流会更加强烈。

海峡位于美国的太平洋海岸，1.5~2米级别的浪涌极为常见。海水不停地运动，会影响运动员。许多人承受不住晕浪。每个运动员都必须在舢板（只能提供餐饮与导航）的引导保护下进行尝试。多数人在夜间出发，如果没有额外帮助，在波涛起伏的海上导航将极为困难。

比赛的计时也不常见。海峡中的船只不多，风向通常较为有利，这些都加重了运动员的心理负担，他们常常连续游泳6小时却见不到任何陆地。

不过，只强调睡眠因素而忽略了水下，便不能反映出运动员面对的所有挑战，许多运动员与支援队看到过海豚、海豹与鲸鱼。但是他们很少议论鲨鱼与水母。尽管鲨鱼的威胁主要来自畏惧，但被水母蜇伤的危险确实经常存在，并且不适将伴随运动员整个行程。

当然，正是因为难，完成的成就感才格外巨大。在200多位完成者中，本尼·迪恩在1976年创造了7小时15分55秒的最快纪录。最慢的也能在33小时内结束。考虑到他们经历了长时间在冷水中浸泡，这已经非常了不起了。

这就是卡特里那海峡的魅力，

过往船只与运动员相互视而不见

在非凡的挑战活动中，人类最珍贵的品质得到了彰显。幻想轻松完成者决不会得逞，并且是游得越久难度越大。对完成者来说，他们完成了一项很多人尝试却少有人能完成的壮举，将因此被牢记。是的，毫无疑问，横渡卡特里那海峡是地球上最难的游泳比赛之一。

支援队可以提供餐饮与导航

兰迪·林恩·奥普迪克（Rendy Lynne Opdycke）

2008年8月9日，星期六，我从卡特里那岛出发，横渡卡特里那海峡，到达加利福尼亚州海岸，用了8小时28分。这是女性的史上第三快速，以及历史上的第六快速。从1927年到2008年，只有145人完赛。

我因此成了在一年内完成游泳三冠赛（Triple Crowns）的史上第二人。从7月5日到8月9日，我在34天内成功征服了曼哈顿岛马拉松（Manhattan Island Marathon Swim）、英吉利海峡和卡特里那海峡。3个挑战的总游泳时间是26小时50分。横渡卡特里那海峡，最难的是思想准备。并不是因为它是收官战，而是因为它与我父亲的死有关。那天，他去世了。事发时，我恰好陪着我的第二位游泳运动员上岸。这或许是我经历过的最难的一次游泳。这与体力和意志无关，只与感情有关。

我没有遇到任何体力上的挑战。在完成了曼哈顿岛马拉松和横渡英吉利海峡之后，我的体能处于最佳状态。直到从岸边装船，准备开始横渡，我都没有想过会遇到什么困难。然而，我在此遭遇了严重打击。虽然环游曼哈顿岛仍然让我感觉到一丝疲劳，飞越大西洋横渡英吉利海峡和飞回美国都要调时差，但是，这些比起感情上的打击，都不算什么。

我认为，要想成为优秀的长距离游泳运动员，就必须有自己的一套方法，来分散对困难的注意力，保持高昂的斗志。参加游泳马拉松，或者是其他任何长距离比赛，你的大脑就是最大的敌人。

我喜欢在早上游泳时遇到的各种各样的动物。与海豚一起游泳，让我非常兴奋。翻看我的游泳历史，我习惯在下午风势增大时游泳。一件让我印象深刻的事，就是游了9公里，身体刚刚开始疲劳，水温竟然开始下降了，并且降了好几度。这成了对毅力的考验，我知道如何去应对。

我不知道的是，我创下了完成3个游泳挑战最短总时间的纪录，也不知道我是最快完成这3个挑战的人。自有人去关心这些事。不论是环岛游泳还是横渡海峡，我就是喜欢游泳；我希望更多人能来尝试海洋游泳。

兰迪·林恩·奥普迪克是曼哈顿岛马拉松、英吉利海峡与卡特里那海峡游泳三冠赛的纪录保持者，名下有最快完成3个挑战的纪录。

运动员视角

关键事实

种类：自行车
时间：6月
距离：4828公里
主要困难：长距离、意志、高度变化
网站：www.raceacrossamerica.org
称谓：世界上最难的自行车赛

过来人说："直抵人性根本，从许多方面来说，这是一段孤独的经历。但是，它就像一面镜子，让你看到真实的自我。"

穿越美国竞赛（Race Across America）

漫长的距离、荒唐的爬升量、睡眠剥夺与严格的关门时间，这就是参加世上最难自行车赛——穿越美国竞赛的运动员们面临的挑战。

穿越美国竞赛，是应该被每个耐力运动员列入人生清单的大事之一。比赛的起点是美国西海岸加利福尼亚州（Califonia）的海洋码头（Oceanside Pier），终点是马里兰州安纳波利斯（Annapolis）的伊斯特（East）。运动员们要骑行4828公里，完成51800米的垂直爬升，途经美国12个州。

1887年，报社记者乔治·尼李斯（George Nellis）第一个完成了穿越美国的自行车骑行。他骑的是没有变速齿轮的铁自行车，脚踏板固定在前轮。他借助横亘在北美洲的铁轨来进行导航，只用了80天就完成了。个人骑自行车穿越美国的骑行纪录逐年更新，1982年，一群自行车运动员决定办一场穿越美国的比赛。从洛杉矶圣莫尼卡码头（Santa Monica Pier）出发，在纽约的帝国大厦（Empire State Building）结束。全国范围的电视报道，让比赛引起了公众的兴趣，从此比赛每年举办。1992年，接力组诞生，任何身体健康者都可以参加，进一步提升了参与度。

穿越美国竞赛之所以特别，是因为它采用不间断的连续计时方式；这不同于采用分段计时的环法国（Tour de France）或环西班牙

无论天气，日夜兼程

一路看遍美国的壮丽风景

（Vuelta a Espana）等职业大赛。一旦运动员出发，计时就开启，直到他们抵达终点。时限只有区区12天。错过，就失去了"正式完成"的资格。因此，穿越美国竞赛不但比环法更加漫长，而且运动员们面临的时限也只有后者的一半，尽管它是一场业余比赛，也不是所有人都能完成。

当然，运动员最大的挑战是需要完成的距离。除此之外，平衡睡眠与前进的时间，是最麻烦的。最快的运动员只要8天多。每天，他们能骑400~560公里，休息时间不足2小时。睡眠不足是最大的风险，就算是想在12天期限内勉强完成，每天也很难睡够4小时。

在这期间，要想让身体连续运转，运动员就得多吃多喝。运动员每天的饮水量可达14升，每小时就要补充含有300~400大卡热量的食物（每天8000多大卡）。为了照顾吃喝，每个人都有支援队，提供所需的营养、饮水、导航、换洗服装、维修和打气（以及完成所需的其他帮助）。因此，要参赛，就要做好行程与物资规划，费用起点是大约20000美元。

体力挑战与经济负担，并没有吓退尝试者。如同任何比赛，报名的不一定都能完成。至今约有200个单人或是双人自行车挑战者能完成。这比成功攀登珠峰的人数（大约2000人）更少。

109

景色迷人，比赛艰难

这样，你就知道它的难度了。2人、4人与8人接力项目，让骑行相对容易。当然，最能吸引眼球的，还是单人完成全部距离。

由于路线变动，很难将历年成绩进行比较。认定最快纪录最常用的指标是平均速度，而不是总时间。1986年，Pete Pensevres花了8天9小时骑完了5000公里，平均速度是24.8公里/时，令人难以置信。

女子最快速度是9天4小时骑完4686公里，平均速度为21.3公里/时，记录属于塞纳·霍甘（Seana Hogan）。夺冠次数最多的人是斯洛文尼亚的已故运动员舒·洛比克（Jure Robic），他在参加2010年澳大利亚鳄鱼杯（Crocodile Trophy）比赛时被车撞伤身亡。

一个重要的问题：组织者如何防止运动员作弊？答案是设置53个计时点（许多位于私宅或是自行车店铺内），站点之间的间距为65~145公里。运动员需要到每个计时点报到，向组织者总部汇报位置和时间。这样，组织者和比赛粉丝就可以追踪运动员的动态，确保运动员们诚实参赛。

人们为什么痴迷这样的比赛？很难说。不论是为慈善筹款（每年筹款额度超过100万美元），还是自我证明，一定有一个原因，让参赛者们愿意骑车4828公里，经过最低51米、最高3000米的海拔高差，忍受睡眠不足和紧张的关门时间的压力。想自证位列地球上最顽强的运动员的行列吗？参加穿越美国竞赛，就是一个机会。

只有少数人能在规定时限内完成

吉姆·李斯（Jim Rees）

2005年，我第一次以4人队伍成员的身份完成了穿越美国竞赛，并获得了第4名。当时，看到单人组别的车手们满身疲倦地站上领奖台，我获得了莫大的激励，我开始考虑参加单人赛。作为完赛队伍的成员，我获得了参赛资格，便准备参加2007年的单人赛。

我的训练强度很大，主要目标就是让双腿在酸痛时依旧可以骑车，我平均每天训练3~6小时，每周训练6天。在周五，我骑5~6小时，回家吃晚饭，然后出门彻夜骑车，直到凌晨4点。我回家睡两三小时，然后再出门骑6小时。周日，我与当地的骑行俱乐部一起外出骑车。这样的准备，让我完成了2007年的比赛，这是让我十分激动的经历。回想起来，我下车的次数太多，享受旅行，向裁判致谢，并没有全力以赴。

在2008年和2009年的尝试中，我只在睡觉和如厕时下车。2009年，我骑了10天多，只睡了13.5小时。我的训练也随之进行了调整。我不再像2007年那样重视训练量，因为我觉得那是过度训练。我开始更关注提高速度的训练质量。

2009年，我希望挑战英国人的纪录，并且按计划骑完了前半程。不过，一些意外还是影响了总时间。我喝水太多，手和脸都肿了，耽误了时间。暴风雨淹没了道路，我只好暂停5小时。这使我落后于最快纪录的时间。还剩1600公里时，我的颈部肌肉受伤，只能用手撑起脑袋。最后的路程特别艰难，也影响了我的完成时间。

我认为，要完成比赛，正确的认知与自信都很重要。我只是个普通人，不是奥运会级别的运动员。我有孩子，也得工作，但是，我依旧怀着自信完成了。现在，我想激励人们相信自己的能力。

穿越美国竞赛让你直视真实的自己。从许多角度看，它都是一段孤独的旅程，也是一面让你看清自己的镜子。

吉姆·李斯连续完成了3届穿越美国竞赛（2007、2008、2009），还在2005年参加了团队赛。

完成艰辛挑战后的解脱

关键事实

种类：游泳
时间：6月
距离：45.8公里
主要困难：水流、寒冷
网站：www.nycswim.org
称谓：这个季节最长的顶级游泳赛

过来人说："世界上最麻烦的公开水域游泳马拉松赛之一。"

曼哈顿岛马拉松游泳（Manhattan Island Marathon Swim）

河道是标志性的，行动是艰巨的。曼哈顿马拉松游泳是对人类耐力的真正测试。只有水平最高的游泳运动员才能与哈德逊河（Hudson River）、哈来姆河（Harlem River）和伊斯特河（Easter River）的水流、漂浮物及环境对抗。

提到纽约，世人首先想到曼哈顿，这里生活着200万人，也是纽约最具标志性的街区。哈德逊河、哈来姆河与伊斯特河三条河流将曼哈顿岛（Manhattan Island）与纽约的另外4个地区分开。这三条河有时危险，有时平静，有时肮脏，是地球上最艰难游泳赛之一——曼哈顿岛马拉松游泳赛的举办地。

1982年，纽约的商人兼游泳好手德鲁里·加拉格尔（Drury Gallagher）发起了这个比赛。不过，纽约市政当局最初是拒绝办赛的，认为曼哈顿岛周围的水流太过凶险，不适合游泳。现在，这场距离为45.8公里，逆时针行进的环岛游泳比赛已经成为长距离游泳三大赛事之一。

参赛运动员数量只有40人，自带支援队，相当小众。为了成为在炮兵公园（Battery Park）南湾下水的40人，你就得达到参赛标准。那就是在参赛日期前的两年内，或者完成三大游泳赛事（Triple Crown）中的其余两场——横渡英吉利海峡（English Channel）与横渡卡特里那海峡（Catalina Channel）中的一场，或者完成埃德尔（Ederle）游泳，或者完成至少一场其他有旁证的不少于4小时的，并且水域条件类似的游泳赛。

参赛资格限制以及运动员们在比赛中面临的挑战，让曼哈顿岛马拉松游泳成为传奇。

比赛日的水温，大约是21℃，有时可达到26℃。运动员们只能穿着一件游泳衣，佩戴泳镜、耳塞

纽约，纽约

和泳帽，此外，还可以涂抹御寒油脂。因此温度刚好合适。

在游泳过程中，每个人可以有一支支援队陪伴递送饮食。不过，支援队能向运动员提供的身体接触协助，仅限于在他们体力不支时；并且一旦出手相助，就意味着自动弃权。

不过，支援队的意义，远远超过提供饮食。

他们还是向导。三条河中的自然障碍足够艰险，人工障碍也同样危险。比赛的举办意味着河流水质清澈，不过，河中依旧有各种漂浮物，此外运动员还要躲避航运船只，游过污水处理厂。尽管游泳者熟悉沿岸的风景，但是在疲劳时，他们很难发现河道漂浮物等障碍，因此需要小船上的支援队相助。

支援队无力左右潮流。比赛选择逆时针游泳，是因为环绕曼哈顿河道中的强烈水流。然而，运动员并不总是随波逐流。相反，在河流交汇处水流更猛，力量最强的运动员也得拼命游动才能保持前进。

运动员必须保持前进，按时依次到达所有计时点。从南湾（South Cove）算起，运动员需要在3小时30分内到达布鲁克林桥（Brooklyn Bridge），在5小时45分内到达斯派腾戴维尔河，在7小时30分内到达79街船盆地。在9小时10分内到达26号码头。关门时间非常紧张，没有通融余地。

无需多言，这一切都让运动员的身体处于极度紧张中。毕竟在没有这些障碍的环境中，连续游泳45.8公里就够难了。

对完成者来说，他们是这场比

沿岸的美丽风光

赛的一部分。在游泳时，他们就游览了华尔街（Wall Street）、帝国大厦（Empire State Building）、布鲁克林桥和联合国总部等地标建筑。运动员们会得到岸上人的加油鼓掌，回到南湾时，会受到隆重欢迎。这真是难忘的纽约旅行经历。

冠军可以骄傲地捧得加拉格尔杯（Gallagher Cup），最快的两位运动员还能受到邀请，在 9 月返回尝试打破纪录。目前的纪录是惊人的 5 小时 45 分，由澳大利亚人谢利·泰勒·史密斯（Shelly Tailor Smith）在 1995 年创下。英国超长距离游泳运动员朱利·布拉德肖（Julie Bradshaw）也名留比赛历史，他全程采用蝶泳，以 9 小时 28 分完赛。

不论采用哪种方式，完成曼哈顿岛游泳马拉松的人都知道，他们通关了世界上最难的耐力比赛之一。在世界上最美丽的天际线下，运动员忍受艰苦的环境、挑战漫长的距离，这可真是一场有看点的比赛。

艾利卡·罗斯（Erica Rose）

我制定了训练计划，并坚持按计划训练，来做好身心准备。在备战时，我依然有一份全职工作。每周至少自愿值一次夜班，周末还要频繁出差。如果错过一次训练，就不再有机会弥补。因此，我必须严格遵守训练计划。在工作日，我每天早上至少先游泳 6000 米，然后再去上班。在星期二和星期四的晚上，下班后，我去健身房先做 45 分钟的心肺训练，然后是 45 分钟的力量循环训练，主要是练习核心肌群和爆发力以提升动作。在星期天晚上，我练习瑜伽。周六上午，我进行长距离游泳训练，有时游 10000 米，有时在湖里游 3~4 小时。

最大的困难就是解决怎么在全职工作的同时保证训练的问题，边工作边训练，同时还要处理各类生活事务，与纯粹把练习超长距离游泳作为唯一目标有极大区别。

我喜欢在公开水域游泳，也喜欢面对挑战。在游泳时，一旦遇到困难，试图解决它就是我前进的动力。一旦要苦苦支撑，我就开始回想我的训练。一旦身体疲惫，我的意志力会帮助我度过难关。我很顽强，充满斗志，不愿放弃，这些品质对公开水域游泳极为重要。

此外，我的教练、信任我和帮助我实现目标的亲友，给了我巨大的人际支持。

在比赛中，我觉得最难的就是在哈德逊河里的最后一段。在精神上，我做好了这一段比前面更为枯燥的准备，因为我知道，我对看景没什么兴趣。我也知道，连续游泳五六小时后，手臂会疲劳。但是，我预计不到会遇到多强的风和多大的浪。我并没有做好面对气流与水流的准备，为了前进，我真是费尽了力气。这时，我非常依赖我的团队。

赢得曼哈顿岛马拉松游泳的感觉好极了。我不知道比赛中会发生什么，也不知道训练是否充足，我是否能连续游泳七八小时；更不知道其他运动员的能力如何。在整个游泳过程中，我觉得充满力量。远离精英级别的公开水域游泳比赛长达数年，我依旧能完成世界上最艰难的公开水域马拉松游泳赛之一，真是太好了。最重要的是，参赛十分好玩。自始至终，我一直在享受。它是我最喜欢的公开水域游泳赛之一。

2011 年，艾利卡·罗斯获得了曼哈顿岛马拉松游泳的冠军。曾连续 12 年代表美国国家公开水域游泳国家队（National Open Water Swimming Team）。他是世界上顶级马拉松游泳运动员。更多信息，请见 www.ericaroseswimming.com。

关键事实

种类：赛马
时间：8月
距离：160公里
主要困难：地形、炎热
网站：www.teviscup.org
称谓：世界上最难的长距离骑马赛

过来人说："我们骑马经过绵延数公里的悬崖，这让我感到惊奇。马行走在仅有60厘米宽的路上，一侧就是落差达150~300米的悬崖。"

特维斯杯骑马赛（Tevis Cup Ride）

从覆盖白雪的山口到酷热的峡谷，特维斯杯挑战着人与马。比赛极为紧张，有时甚至伴随着潜在的危险。它的赛道穿越北美洲一些艰难的环境。

人们纷纷说办不到，这恰好是美国商人、优秀马术运动员文德尔·罗比（Wendell Robie）的动力。1955年8月的一天，他与朋友们从太浩湖（Lake Tahoe）骑马去加利福尼亚州（California）具有百年历史的奥本小镇（Auburn）。骑行十分艰险，但是可行。在完成之后，他决定第二年再骑一次。然后每年玩一次。随后，西部越野骑马（Western States Trail Ride）就成了长距离骑马赛历史上的固定事件，由此诞生了特维斯杯。

特维斯杯因对骑手和马的残酷考验举世闻名。骑手要在24小时之内，骑着马完成总距离160公里、累计上升5100米、累计下降6700米的征途。路线的多数部分与罗比首次尝试时的重合。现在，只有少部分赛道做了微调（考虑到赛事规模扩张），但是挑战还是那些。

为了完成比赛，运动员必须有足够的身体耐力与出色的马术技能；这也是夺冠的最基本前提。事实上，管好赛马是特维斯杯的重中之重。从比赛开始，直到比赛结束，兽医都会在指定的检查点为赛马检查身体。运动员必须保证马的心率不超过60次/分，呼吸不超过48次/分。

如果不能达到上述标准，马和骑

参赛需要具备优秀的驯马技能

手都要被逐出赛场。赛后还有兽医检查，无法达标的也会被取消成绩。

这或许能解释这一比赛的完成率极低。从1955年到2009年，共有8920人参赛，完成者只有4850人，空成率略超过50%，其中男女大致相等。除了不违反对马的生理数据的规定，要想完赛还有其他条件。例如选择合适的马的种类、在比赛期间好好照顾马，这些对成功同样重要。

要想在这样漫长而艰难的比赛中管好马，并不容易。赛道从犹他州盐湖城（Salt Lake City）开始，到加利福尼亚州的萨克拉门托（Sacramento）结束，也就是西部州小道（Western States Trail）上路况崎岖不平的那一部分。

从加利福尼亚州特拉奇（Truckee）的罗比公园（Robie Equestrian Park）开始，海拔为2133米，赛道有14公里下坡，直到特拉奇河（Truckee River）。然后穿越曾举办1960年冬奥会的斯阔谷（Squaw Valley），从海拔2667米的谷底经过777米的垂直上升，这一段的距离是67公里。从这里开始，运动员还要经过4730米的累计上升，以及大约7000米的累计下降，然后才能到达奥本小镇。

赛道的很大一部分是狭窄的山路，有些地方只有1米宽，一侧就是布满岩石的悬崖。骑行十分艰辛，选好落脚点，才可以避免人和马的损伤。

考验并没有结束。比赛举办地的温差很大。峡谷中的温度，可能高达48℃。不论人还是马，在这一温度下都十分不易，上下坡都会变得更困难。因此，多数参赛者都会招募支援队，在预定地点为人和马送食物和提供休息便利（骑手需要先按照要求将马交给兽医）。与本书中的其他一些挑战类似，特维斯杯也需要团队配合。

冠军将被授予同名特维斯杯。前十名完成者的赛马，会有专门的评奖，身体状况最佳者将获得哈金奖杯（Haggin Trophy）。

所有在24小时内完成者（并且赛马体检合格），都可以获得完成奖银皮带扣。

特维斯杯对驯马技术有很高的要求，对人的体能同样是严峻的挑战。骑手们在管好马的同时，还得解决在高温下长时间运动的自身疲劳，才能获得好的表现。比赛中的难点，决定了获得银皮带扣的完成者人数不会太多。不论对人还是对马，特维斯杯都是名副其实的耐力挑战。

梅里·麦尔德（Merri Melde）

我的特维斯杯历险记与众不同。多数人要花数月乃至数年去准备，我只用了四天半。我的骑马累计里程达到数千公里，还完成过许多 300 多公里的长途骑行。但是，我从没想过要参加特维斯杯。我没有自己的马，只能骑别人的。我也从没想过要去参加这个比赛。我租不起马，并且难度在那里（不见得无法完成）。骑别人的马，就得肩负巨大的责任。哪怕是在最简单的道路上，骑行 160 公里也不是儿戏。特维斯杯对马更是考验。因此我从没想过参赛。

我原是打算去为 endurance.net 做现场报道。比赛前的那个周一，我的朋友南斯（Nance）突然联系我，说她的另一位朋友因工作冲突无法参赛，可以让我骑着她的马"奎恩"（Big Sky Quinn）参加。我很意外，不知道该说什么。在随后 24 小时里，我反复说"太好了""算了吧"。

周一和周二，我都在给朋友打电话征求意见，他们都让我去试试。

比赛的挑战，更多的是针对精神。在比赛开始后，我知道我们的速度能够勉强在 24 小时内完成。知道了要骑马 24 小时，身体与头脑就会更有准备。

我把比赛分成 3 段，每段长 48~56 公里。在两段之间是 2 小时的兽医检查。我只把心思放在眼前，每一公里，每个山头，每条山谷，从来不去想下一个兽医检查站。

我们经过延绵数公里的悬崖，我有些吃惊。路面宽度仅有 50 厘米，而悬崖的落差就有 150~300 米！我不害怕高度，除了快速前进，什么也做不了。在比赛中，确实有连人带马坠崖的。并且我在夜间路过了一些悬崖，很庆幸，我既不知情，也没有向下看。

我认为我的速度很快，但是，仅仅比兽医检查站的关门时间略早（每个检查站要停留 2 小时，并且有好几个检查站，因此不能浪费时间）。在比赛中，我总是担心时间紧张，这就增加了心理压力。其实，我们在关门时间前 19 分钟完成。在最后一段路程中，我不知道还有多远才能到终点，因此最后 30 分钟非常紧张！

整个比赛非常魔幻和完美，机会就是这样意外来临的。我的马非常厉害，我也因此完成了人生第一次特维斯杯。完成后的激动无法用语言形容（在马完成最后一次兽医检查时，我哭了）。我一生都会感激我的马，敬佩它的努力。我也感谢南斯慷慨提供赛马，这远远超过了好朋友的热心。

当我双手捧起银皮带扣时，当我使用这个皮带扣时，我仍旧不太相信这是我参赛赢来的。这是我最骄傲的成就之一！

梅里·麦尔德完成了 2009 年特维斯杯。更多信息可见 theequestrianvagabond.com。

关键事实

种类：跑步
时间：全年
距离：跑够24小时，快者获胜
主要困难：意志力
网站：iau-ultramarathon.org
称谓："除了不断的呼声？赋予生命价值，实现自我提升的还能是什么？"

过来人说："跑一次马拉松，体验一生滋味。跑一次24小时赛，相当于过好几辈子。"

24小时场地赛（24 Hours Track Race）

一圈、一圈、一圈，周而复始。这是对体力与毅力的终极考验吗？每圈400米的跑道，24小时的时限，不预设距离。唯一要做的就是使劲多跑和不感到腻烦。

在田径场跑步也许很难，但它是任何精英跑者训练计划中不可缺少的。不论平时在田径场上练得如何辛苦，都无法与24小时场地赛相比。运动员们踏上400米操场，然后不停地跑24小时，就是这样简单粗暴。你的目标就是在接下来的24小时内尽量多跑（不能崩溃）。跑400圈，就是160公里。但是，不能保证这个成绩可以夺冠。

这种比赛的成绩足够让人吃惊。目前的世界纪录保持者是希腊人雅尼斯·库罗斯。1997年，在澳大利亚阿德雷德（Adelaide）的斯里·金米超级马拉松庆典（Sri Chimoy Ultra Festival）中，他跑了304公里。女子纪录由日本跑者Mami Kudo保持，2009年12月，她在中国台北的比赛中跑了254公里。一般原则是，把160公里作为里程碑，这意味着每小时跑步不少于6公里。也就是在24小时中，每小时跑不少于16圈。

与本书中的其他比赛不同，24小时场地赛不局限在任何国家、城市或地区。在世界各地有无数此类比赛。温度与天气也不尽相同，在更热的环境中，运动员们自然也跑得更加辛苦。但是，基本规则是相同的，比赛场地通常是周长400米的室内或室外平整跑道。因此，任何地方都可能成为独特的竞技场。

这种比赛是对体力的巨大挑战。当然，与世上其他一些超长距离耐力赛不同，24小时场地赛无

在任何地方，都可以举办24小时场地赛，不管不是在400米一圈的标准田径场上

需面对崎岖地形与上下坡等复杂环境，运动员们只要坚持跑就可以了。其实，挑战也正在这里。比赛对体力的要求依旧十分严酷，下肢与手臂将十分疲劳。此外，沿着同一个方向跑这么多圈（每隔一定时间就变换方向），会让腿的内侧肌肉感到难受。

也许，对精神的折磨更胜于肉体，当精神已经厌倦，还要反复看相同的建筑、相同的弯道和相同的环境确实是一种折磨。许多超长距离跑者强调在跑步时看风景的重要性：对精神疲劳的某种缓解。不过，在24小时场地赛中可没有这样的好事。运动员要与自己的意志不断斗争，如果不能战胜疲倦或是厌烦就得出局了。只有最执着的运动员

田径场就是运动员的整个世界

才能跑满这24小时。

在比赛中，运动员可以邀请支援队，后者帮助其保持斗志，以及更重要的——提供饮食。即使没有支援队，多数比赛也允许运动员在田径场旁边自备一顶帐篷，用来存放食物和进行短暂休息。这种比赛对装备的需求极为简易，运动员只需要一双鞋、一套服装和能填饱肚子的简易餐食。

多数超长距离跑者在比赛时都能突破生理极限。为了跑得更远、更快，他们能保持身心极限状态长达连续数小时。在全世界举办24小时场地赛的斯利·金米马拉松团队是主要组织者之一，它专注于发掘跑步的精神内涵。这支团队的基础是灵修大师、诗人、艺术家和跑

渥太华 24 小时场地赛（Ottawa 24 Hours Track Race），是最著名的比赛之一是与自己和过去的成绩比较。因此，每个人都是获胜者。

为了完成比赛，完成更长距离，运动员们需要挖掘跑步的精神层面，达到这一状态就可以应对世界上最具有重复性与挑战性的运动所产生的极端身心疲惫。

者斯利·金米的哲学观，其目标是通过运动实现自我超越和自我提升。在这一原则下，运动员们参加这些比赛，不是为了彼此间的竞争，而

纳迪姆·汗（Nadeem Khan）

在训练时，体能与精神准备同样重要。我在作为 24 小时跑者的这些年里，发现体能训练其实比精神准备更轻松。体能训练可以量化，能够看到。

当我为了竞技参加 24 小时赛时，每周的平均跑量在 96~110 公里，包括两次长距离跑。精神准备，就是我习惯在参赛前把比赛在头脑中预习一遍。在整个跑步生涯中，我都是这么做的，直到在加拿大国家队参加国际比赛。

准备这样的比赛，最大的难点就是"对未知的无知"。参加短一些的比赛，可以按照比赛实际距离，甚至稍长的距离去训练。不过，想在不透支体力的情况下模拟 24 小时赛是不可能的。入夜以后人会犯困，让身体习惯夜跑也不容易。

想跑好 24 小时赛，诀窍在于合理分段。从每 5 公里一段，到每 10 分钟一段都可以。24 小时赛充满了对人生的隐喻。我们不可能一次性设计好一生的经历。人生目标也总是不断改变。24 小时赛也是这样的。跑一次马拉松，好比是过一生；跑一次 24 小时赛，好比是过几辈子。

参加 24 小时赛绝非易事。在这样长的时间内，能始终保持清醒，就已经不容易了。额外保持体力活动就更不简单。这不仅是与他人竞争，更是与自己的较量。超过 12 小时的持续摆臂动作，会引起手臂疼痛。超过 18 小时的持续跑动，会引起腿抽筋。20 小时后，意志开始疲惫。

我个人并没有在比赛期间试验过营养与饮水。在不同的时间，吃不同的食物，会有不同的效果。比赛开始时，我吃半固体食物。在夜间（比赛 10 小时后），我吃固体食物。到了晚上，我喝许多汤和热饮料。

最后一小时，最为精彩。每个仍在跑的人，动作与感觉都差不多。但是，在最后一小时，是出局还是坚持到底，却事关最终成就。在跑完 24 小时后，疼痛与疲劳将让位给喜悦与满足。

纳迪姆·汗曾经 7 次参加 24 小时赛，其中 4 次是场地赛（包括在渥太华的比赛）。

关键事实

种类：狗拉雪橇
时间：3月
距离：经常变化，平均1850公里
主要困难：地形、寒冷
网站：www.iditarod.com
称谓：地球上最后一个伟大的比赛

过来人说："非常痛苦，但是我要干什么？难道停下？我必须尝试。"

爱迪塔罗德（Iditarod）

这是一场一个训犬人、16只雪橇犬、超过1600公里的阿拉斯加（Alaska）荒原征途，爱迪塔罗德是对人与动物耐力的残酷考验。参赛队伍（人与狗）沿着时常被暴风雪掩埋的古老小道前进，等待他们的是 −46℃ 的低温、速度80公里/时的烈风，以及死亡的威胁。整个阿拉斯加州在3月份的第一个星期六停下工作，来庆祝这场以白色荒原为主题的赛事开幕，不是没有原因的。

19世纪末，阿拉斯加出现了淘金热，吸引了数以千计的人。他们趁着夏季乘坐汽船一路北上，穿越荒原。有时，淘金者也在冬季的爱迪塔罗德小径（Iditarod Trail）使用雪橇（如果他们敢于面对严酷环境）。

但是，在金矿枯竭、飞机代替了雪橇后，爱迪罗洛德小径逐渐被废弃，成为历史书和传说中的过去。

1964年，多罗西·佩吉（Dorothy Page）决定做些什么，来纪念那些爱迪塔罗德小径上的生者与死者。

比赛是阿拉斯加雪橇犬历史的高潮

每队 16 只雪橇犬参赛

言语变成了行动。1967年，举办了一场40公里的比赛，有58位驯犬者参加，争夺25000美元的奖金。佩吉最初的目标是以爱迪塔罗德为终点，而几个学校教师打算让它延长到1000英里，抵达白令海沿岸的港口诺木（Nome）。杰罗·休伊克（Gelo Huyck）和汤姆·约翰森(Tom Johnson)组织了这个比赛，设置了51000美元的奖金。1973年，爱迪塔罗德比赛诞生。

1973年．33位驯犬人踏上征程，22人完赛。迪克·威尔马斯（Dick Wilmarth）以20天48分钟41秒完成。尽管1974年的比赛没有奖金，依旧有44人参加。1975年，组织者才为这个号称"地球上最难赛事"之一的比赛找到了稳定赞助。

今天的爱迪塔罗德与休伊克和约翰森创办它时的样子完全不同。它现在吸引了各国最好的驯犬员前来参加——其中一些人在北方寒带家喻户晓，与最不适合人类居住地区的最艰苦自然环境对抗。

这里的温度经常低于 –46℃，风速可能高达80公里/时（视野所见皆白，风吹雪片掩埋一切标志）。风寒指数达到 –90℃以下。一些训犬人因冻伤失去了手指，或是连续数天杳无音信，甚至从冰雪覆盖的桥面上跌入冰河。在比赛中，雪橇队还要面对野生动物，一些狗被暴躁的驼鹿杀死。在茫茫冰原上，一旦遭遇意外，只能自求多福。

不过，要参赛，首先要站在冰原上，这是最简单的第一步。比赛的起点在安克雷奇，场面甚是壮观，数千观众观看雪橇犬向第一检查点前进，城市也会部分封闭。根据雪橇服务挑选出的荣誉队，将在上午10点首发。其他队伍的出发时间彼此间隔2分钟。

比赛的第一部分颇具仪式感。驯犬人拍卖犬队空额，筹集资金用于组队，吸引数千围观叫价者。

离开第二检查站后，好戏开始了。160公里的平路（驼鹿小巷，Moose Alley）过后，爬升980米达到罗尼通道（Rainy Pass）。自然的力量开始介入比赛，风力加大，温度下降。随后，参赛队将面临最危险的环境。进入达尔泽尔谷地（Dalzell Gorge），8公里的冰封小路，下降高差达300米，不论是人还是狗，都难以对付。从这里开始，赛道蜿蜒向北。在奇数年份，赛道向南延伸，进入爱迪塔洛德的鬼城。在偶数年份，赛道画圈后向北。

到达卡尔塔格（Kaltag）后，参赛队开始了前往诺木的483公里征途。这段最后的冲刺，是对意志与耐力的大考；有时，会遇到临时暂停（保护人与狗）。这是真正的较量，队伍之间的差距仅仅按小时计算。1978年，迪克·麦基（Dick Mackey）与瑞克·斯万森（Rick Swenson）两队的差距只有1秒［麦基队的先导犬"队长"（Skipper），以鼻尖触线的微弱优势获胜］。2011年，约翰·贝克尔（John Baker）打破了纪录，成绩是8天19小时46分。

爱迪塔罗德回归荒野的心脏与灵魂。为了完成比赛，驯犬员必须在激励自己和狗、忍受长时间的睡眠不足和气温骤降、战胜烈风的情况下，穿越阿拉斯加腹地；同时还要照顾好狗，出发时每队16条狗，完成时必须剩余6条以上。这是一场团队赛，每个完成的队员都知道，他们领教了自然的考验，是自然给了他们机会活着。

阿里·泽科尔（Aliy Zirkle）

爱迪塔罗德，对我来说不仅是一场比赛。在一年中，我花了365天来让我自己和我的狗做好准备。如果这样看，这是一种生活。如果想成功，就必须以它为导向，并全力投入。

参赛准备是多方面的。多数人认为，体力最重要，需要具备在8.5天到10天内跑完1600公里的能力，并且这一标准对人和狗通用。我觉得不能低估在-30℃的环境里置身野外的能力。此外，你还得能在坚持1600公里的同时，充当狗的教练员、保育员与导航员。狗的责任就是牵引雪橇。

心理与体能同样重要。你要做好穿越荒原的准备。从阿拉斯加地区的一个村庄到另一个村庄，所谓"村庄"，可能是曾经在1910年一度兴盛，如今只有2人居住的居民点。因此你要做好全程自理，照顾好人、狗的准备。多数人只有踏入赛场才会明白，这是不可能靠训练解决的。

你不知道前方会发生什么。我被水牛攻击过，我走错路走到了冰封海面，还误入了一段航道（幸亏已经停用）。我的头灯坏了，24小时没有光照（没有多少日光）。对所有这些事，你都得做好心理准备。

我还要说一说它的竞技因素，做好了1600公里远征的准备，只管前进和宿营，但是，既然是比赛就要追求快速。一旦出发，就要把全部注意力放在自己和队伍上。这样你才能知道发生了什么，极限在哪里。不过，你也要有假想的能力，预判其他队伍在干什么，地形如何，天气如何。通盘考虑，如同在下象棋：你的行动会引起其他队伍的哪些反应。于是，比赛会更加复杂。

你一定要仔细了解你的狗以及你自身，将队伍推进到这样一个状态：不用太接近极限，只要能赢就可以了。

阿里·泽科尔曾连续12年完成爱迪塔罗德，获得了2012年的第二名。她参加过许多雪橇赛，是夺得育空长征（Yukon Quest）冠军的女子第一人。更多信息请见 spenneldoglog.blogspot.com。

关键事实

种类：跑步、滑雪、自行车
时间：2月
距离：160公里、480公里或690公里
主要困难：寒冷、长距离、意志力
网站：www.arcticultra.de
称谓：世界上最冷最难的极限长征

过来人说："育空北极远征，任何一方面都很难：距离、地形、寒冷、孤寂，难点有很多很多。"

育空北极远征（Yukon Arctic Ultra）

不仅是对耐力，而且是对生存能力的极限测试，育空北极远征让运动员们超越自我。

加拿大北部的冬季十分残酷。温度可能低至 −50℃以下，风寒效应下会额外降低30℃。太阳短暂露面，也不怎么温暖被寒意贯穿的骨髓，只有最坚毅者才能长驻冰封北国，耐受长达半年的风雪等不宜人类居住的气候。天气虽然极为恶劣，环境却令人震撼。从极光、雪山、冰湖到覆盖白雪的森林，冬天的加拿大是壮美之地。

在这样的环境中，运动员参加育空北极远征。毫无疑问，这是地球上最寒冷的超长距离比赛，不论是不是"之一"。

比赛是对耐力和生存技能的测试

赛道上没有可躲藏之处

育空北极远征不但是耐力测试，还是生存技能考核。这场自补给的比赛，沿着传奇性的育空征服小径展开。当然，运动员可以在检查站按需获得热食与热饮、住所以及医疗协助。此外，工作人员驾驶雪地摩托沿赛道巡逻。不过，在24小时内，多数运动员只能见到他们一次，并且相邻补给站之间的路程，可能需要一天才能赶到。因此，不论参加哪个项目的运动员，都得捎带保持前进和活命所需的所有物件，以备不测。

在比赛开始之前，这个过程就已经开始。要想完赛，每个运动员都必须了解并管理好身体对极寒的反应。等待起跑时的温度，大约是 −50℃ 到 −18℃，风寒效应同时附赠 −25℃ 低温，这会非常消耗体力。比赛开始后，情况也不会好转。运动员的身体被激活而发热后，就会出汗，在皮肤上形成一层水蒸气，然后会结冰。

因此，运动员必须携带合适的物品，来保持体温。如你所想，在这样的比赛中，要求强制携带物品的清单，包括从舒适装备到生存装备。在这样的环境中，最基本需求也难以满足，水会冻结，容器可能开裂。

不过，比赛中最麻烦的，可能是缺少睡眠（尤其是在低温环境中）。运动员们为了在关门时间前通过检查站，就很难获得足够休息。想要睡觉，就得到路边支帐篷，或是在检查站抓紧睡上几小时。多数人会说起比赛中的幻觉。缺少睡眠与严寒对身心状态的影响，会让许多人中途退出。在携带如此多的物品的情况下，运动员选择用雪橇拖拽行

真正残酷的考验，壮观的起点

李包是普遍之举，并非独家技艺。

运动员有三种参赛方式：跑、滑雪或是骑车。每种参赛方式都有各自的难点，并且有的方式用时更长。不过，所有人都要昼夜前行。大部分道路上有明确的标记，不过，天气可能会迅速变化，路标很容易被新鲜的积雪掩埋。因此，运动员们必须具有优秀的导航能力才能及时迷途知返。

无需多言，不是所有站上起点的人都能完成（全场的退出率大约为30%）。

参加160公里的运动员，如果自我感觉良好并且得到医务官的批准，可以选择升级到480公里。

690公里组别则有着完全不同的野蛮风格，并且隔年举办。参赛者最久要花300小时来完赛，冠军也得用200小时出头（2011年，15个起跑者中，仅有4人完赛）。截至本书写作时，还没有人通过越野滑雪完成690公里，山地车组也仅有3位完成者（英国人阿兰·谢尔顿保持着纪录，99小时30分）。

育空极地远征很难。寒冷、缺觉、艰难的路况和对体能的极高要求让参赛运动员面临重重挑战。许多人失败了。

但是，完成者都懂得，他们征服了在世界上最恶劣环境中的最艰巨挑战之一。

戴夫·贝里奇（Dave Berridge）

我曾经参加过2次育空极地远征。第一次是160公里，我拿它练手，看看能不能在北极比赛。我曾在酷热（荒漠与丛林）下参赛并取得好成绩，因此想看看在极寒中的能耐。

我一度认为这是我参加过的最难的160公里比赛。我到达了终点。同样在好奇心驱使下，凭借着参赛的经验，我想试试能否完成480公里。

第二年我成功了。我学到的关于速度、着装、装备、睡眠管理、整理雪橇、保持液体不冻结、边走边吃东西等知识技能，是无价的。

这两场比赛收获的知识是关键。此外，我花了12个月去训练和参赛，参加过"新林地10"这样的小比赛，也参加过诺斯曼极限三项赛这样的大赛。在踏上育空北极远征前14个星期，我还在卡拉哈利极限马拉松的赛场上。我想变得更适合比赛。

心理准备是一个复杂和个人化的过程。最基本的就是想象！想象路线、可能遇到的路况与障碍等也许会出现、也许不会出现的事物。

在参赛前，我设想了如何解决所有的最坏局面。

一个例子就是我的雪橇损坏了。几年前，我看到其他人的雪橇发生过同样故障。因此我想到了一旦出故障，该如何维修。我花了10分钟就解决了毛病。我不必去使劲琢磨如何修理，因为我早就知道了如何做，并且带着便于使用的维修工具包。

在比赛时，我的动力就是害怕失败和受困。我想了很多：为什么有的人能完成，有的人无法完成？是因为自尊、骄傲、执着、虚荣还是决心？我仍然不知道答案。最终，我就是想要——而不是"必须"到达位于道森的终点，其他的事情都不重要。

当然，我在比赛时也面对不少问题，双脚与一只耳朵冻伤，这两个愚蠢的错误都是在快到终点时才发生的，原因就是睡眠不足。在最后一次宿营休息时，我把鞋子放在睡袋外面，结果结冰了。冻伤耳朵，是因为在我到达道森时，赛事官员前来迎接，指导如何通过终点；我掀起帽子和护目镜，但是忘记我只覆盖了一只耳朵。这两个错误实在是太低级了。

当我到达道森时，第一感觉就是解脱：我完赛了！当我知道20个起跑的人中，只有4人完成，我才开始欣赏这一成就。育空北极远征的每个方面都不容易：距离、地形、严寒、孤寂、隔离……这份清单能写很长。但是，比赛多么美好，风景多么壮阔！如果你能随遇而安，懂得能去参赛是多么幸运，也许这种乐观想法能帮助你完赛。尽管帮助的程度十分有限，但是确实有帮助。

戴夫·贝里奇完成过育空北极远征的160公里、480公里和690公里3个组别的比赛。

关键事实

种类：狗拉雪橇
时间：2月
距离：1600公里
主要困难：寒冷、地形、长距离
网站：www.yukonquest.com
称谓：一项传奇冬季运动

过来人说："有多少竞技成分，就有多少生存成分。"

育空长征（Yukon Quest）

14只雪橇犬，1个驯犬员，这就是比赛的样子。每支队伍包括15名成员，他们站上育空长征的起点，进行穿越加拿大和阿拉斯加（Alaska）荒原，夺取狗拉雪橇比赛终极大奖，这是一场史诗级征途。

哈气成冰，脚下是新鲜的白雪，远方传来野狼的嚎叫。育空精神，或者说北加拿大精神的标志，就是粗犷的野性。育空长征，就是在这种狂野的背景下举办的。

能与育空长征匹敌的，也许只有爱迪塔罗德雪橇赛。育空长征的起源，更加异想天开。4个驯犬人，晚上围坐喝啤酒，想出了这个点子：沿着历史悠久的育空河，办一场终极雪橇犬大赛。在过去，开拓者们将这一路线作为去克隆戴克（Klondike）的交通线。在1983年的那个夜晚，罗杰·威廉斯（Roger Williams）、勒瑞·桑科（Leroy Shanks）、罗恩·罗瑟（Ron Rosser）和威利·李波（Willie Libb）并不知道他们的想法将变成一场具有国际声誉的耐力赛。这就是后来发生的事。1984年的首届育空长征，共有26支队伍参加。20支队伍在16天内完成。索尼·林纳获得了冠军，用了12天多一点。现在，情况多少有些不同。

并不是一切都变了。比赛的精神与激励，依旧是原来的样子，育空长征的本质是参赛者，它体现了北美洲厚重的历史，它是一场挑战。

沿着冰封的河道，运动员们要穿越山脉，经过孤立的哨位，最高

孤独而美丽的比赛

点是海拔1220米的所罗门王丘陵，这是挑战之一。此外，还有可能达到 -65℃ 的低温与时速160公里/时的强烈顶风。每年，赛道的方向会对调。第一年从育空的白马到阿拉斯加的费尔班克，第二年就反过来。运动员有机会往返穿越这条历史性的路线。

不过，运动员要站上起点，就必须有能力照管好14条雪橇犬。养这些狗的目的就是参赛。对任何希望完成者来说，准备雪橇犬最重要。驯犬人必须精心挑选狗队友，每只狗的体重不能超过30公斤，还要仔细关照狗的吃喝与脚爪形态等方方面面。为什么？当一只挑食的狗疲劳时，它会更加挑食。外翻的脚爪可能在路上寸步难行，影响运动表现。重奖之下，每个驯犬人都会寻找同时具备耐力和力量的狗。

此外，要让雪橇犬在比赛中适应比赛。狗只能通过口腔和脚来散热。如果某一年天气温暖，比赛就要以夜间活动为主。在每一阶段，队伍前进与休息的时长相当（跑5小时，休5小时）。不跑的时候，驯犬员还得让狗休息好、吃好、获得必要照顾。因此，狗承担多数体力活动，驯犬员同样是片刻不得闲。

比赛的长度超过1600公里，这本身就极为残酷。检查站之间的距离，在53~160公里，驯犬员经常需要就地宿营。比赛中只有一次强制休息，在克隆戴克，所有运动员都得休息36小时，也让兽医有时间为狗进行检查。在大多数时间，比赛处于消耗战模式。当然，狗会经常接受检查。前方的小店也会提供食品。然而，在荒野中，一旦形势恶化，驯犬人就得固守待援了。

在这样的高难度之下，比赛的速度依旧可能快得惊人。汉斯·加特（Hans Gatt）的纪录是9天26分钟。雪橇犬们不辞辛劳，拖拽运动员和物品到终点。驯犬员的工作

真正的荒原

同样无休无止，尽心尽力照顾狗，来保证全队完成比赛。这是一场团队赛，具有最好共同表现的队伍才能获胜，熬过北美洲最蛮荒之地的重重考验。

终点的热闹场面

布林特·赛斯（Brent Sass）

　　我活着，饲养我的雪橇犬，这就是我的生活方式。我生活在阿拉斯加的一个偏僻之处，在那儿长大，训练雪橇犬，为了参赛。要想在育空长征中胜出，就得充分适应环境。在比赛中，你要面对 –65℃ 到 –55℃ 的低温，时速 65 公里的寒风与暴风雪。在我生活的地方，同时具备这些元素，我在这样的环境下训练狗，到了比赛的时候，就可以较好地适应了。

　　但是，育空长征更多的是一场意志较量。克服意志力方面的困难，是最大的问题。在体力方面，你要面对许多挑战。你可能在 –45℃ 低温和狂风中孤立无援，身边只有雪橇犬和雪橇上的行李，因此必须具有极为坚忍的意志。坚毅顽强能帮助你克服一切困难。

　　此外，你要知道如何在偏僻寒冷之地生存。在育空长征中，你身处北美洲的最偏远地区，因此你必须习惯与狗一起长时间面对这样的环境。

　　你想成为优秀的驯犬员，就得有克服困难的正确态度、专注以及能力。在比赛中，你可能遇到的挑战包括但不限于冻伤手指、脚与鼻子，你的狗也一样。因此你必须照顾好它们的爪子，留意可能的损伤和冻伤。并且在照顾狗的同时，照顾好自己，然后尽力参赛。这是竞技比赛，也是生存比拼。对新人来说，存活最重要。对想获胜者而言，只有解决好一切问题，才能集中精力快速行动。

　　局势严峻时，狗能让我前进。我喜欢驯犬的一个原因，就是能收获在人与狗之间形成的联系。这种关系越是紧密，狗就能跑得越远，越努力。当你在比赛中遇到困难开始情绪低落时，只能依靠狗。如果我的心情积极乐观，狗也会开心，会努力战胜困境。我喜欢荒野，喜欢一个人与狗相处，也喜爱面对挑战。比赛中的挑战真的能激励我前进。在 –40℃ 以下的低温中，我的手指、脚趾和脸都被冻僵了，我们还在沿着道路前进。我喜欢这样的挑战，我把它当作需要面对和克服的困难。我可以和我的狗一起战胜它。

　　布林特·赛斯参加过 6 次育空长征，在 2011 年获得了第 4 名。关于布林特的更多信息，请见 wildandfreealaska.com。

运动员视角

131

关键事实

种类：跑步
时间：7月
距离：217公里
主要困难：酷热、长距离、高差
网站：www.badwater.com
称谓：世上最难跑步赛

过来人说："它让你挖掘身心最深处的力量，是最高层次的精神挑战。"

恶水超级马拉松（Badwater Ultramarathon）

伴随着无情的烈日、217公里的上坡路、跑步穿越死亡谷的盐碱地，恶水超级马拉松不但是对身体耐力的测试，也是对精神意志的挑战。

恶水超级马拉松成为世上最难跑步比赛，是有原因的。运动员要跑217公里，从海拔-85米的美国加利福尼亚州（Califonia）死亡谷（Death Valley）出发，跑到海拔2548米的终点惠特尼山口（Whitney Portal），累计爬升达3962米。它在7月份举行，这是世界上最不适合人类居住的地区之一的最热月份。在这里，温度可能达到49℃，几乎毫无遮阴，空气异常干燥。

1973年，美国人阿尔·阿诺德（Al Arnorld）听说了一件让他印象深刻的事，帕克斯顿·贝尔（Paxton Beale）和肯·克鲁齐罗（Ken Crutchlow）从西半球地势最低点——恶水盆地出发，完成了242公里的接力跑，到达美国本土最高点——惠特尼山顶（Mountain Whitney）。受到这一事件的启发，他想试试独自完成。他的前两次尝试失败，第一次只跑了29公里（队

营养与饮水管理非常重要

有时，分享挑战可以让难度减半

从山顶改到了山口。在那段日子，有些跑者会在抵达终点后，继续沿着原来的路线跑向山顶。当然，世上从来不缺少想跑得更远的人，其中一些人竟然尝试恶水往返跑，或者连跑 3 次，甚至 4 次！

4 次连跑挑战的纪录由马歇尔·乌尔里奇（Marshall Ulrich）在 2001 年创造，时间是 10 天 13 小时。

不过，对多数人来说，规规矩矩来上一回就足够了。尽管恶水超级马拉松困难多多，但是成绩依旧令人叹服。男子纪录是 22 小时 51 分 29 秒，女子纪录是 26 小时 16 分 12 秒。

为了保证 100 位获邀参赛运动员的水平，组织者将运动员到达 Panamint 温泉度假中心检查站的关门时间设置在 28 小时。总关门时间是 48 小时。哪怕是想踩着关门时间完成，也要先具备报名资质，这并不容易。每一份邀请函，都是在赛事委员会对申请者进行耐力评估后签发的。在进入评估环节前，申请人要达到 3 个最低门槛。其中之一就是完成过至少 3 次 160 公里长度的跑步比赛。

在获得了参赛资质后，训练就是下一个难题。适应比赛气候尤

友倒地），第二次跑了 58 公里（膝盖肿胀无法前进）。

阿诺德不想认输。经过在桑拿房连续数小时骑自行车等为期两年的艰苦训练，他决定再次出征。1977 年，他证明"事不过三"，终于花了 84 小时跑完了，体重轻了 8%。阿诺德站上了惠特尼山顶，传奇比赛恶水超级马拉松的序章由此开启。

随后，到 1987 年前，又有几位超马跑者跑完了这条赛道。1987 年，比赛正式诞生。1990 年，由于政府管制，路线做了微调。终点

孤寂而残酷的环境

为艰难。连续两次获胜的帕姆·李德（Pam Reed）在她的亚利桑那州（Arizona）大本营训练，顶着40℃的高温每天跑4次，每次45分到1小时。

加拿大的菲戈·霍克（Ferg Hawke）曾经两次获得亚军，他在家中院子里搭建了一个日光浴棚，在里面放了一个跑步机，模拟在54℃高温中跑步的情景。

到了比赛日，运动员需要组织自己的后援团。这支队伍是成功完赛的关键。

他们要负责提供营养、饮水，为运动员按摩和尽量满足其体能需求，尽量保证运动员完成比赛。

跑完，能有什么收获？只是一枚奖牌和一个皮带扣（在48小时内完成）。与体力耗费相比，这些奖励显然微薄。

现在，为什么将恶水超级马拉松称为世界上最难的比赛，就已经有答案了。

支援队对运动员来说非常重要

金·赛格（Jen Segger）

  我花了 6 个月，专门为了这个比赛和它的赛道进行训练。我参加多种运动，恶水超级马拉松是一项精神折磨。因为我知道，为了在这个比赛中尽量争取好成绩，就得放弃这一段时间里的其他比赛。我的生活就是训练、吃饭、睡觉和工作。随着训练量增加，我得在每天早上 5 点起床才能完成训练。我就是这么以比赛为中心的。

  回想起来，我真不知道在每次长达 7 小时的训练中，时间都去哪儿了，我又是怎样填补思想的。我的目标就是让跑步成为自然动作过程，让头脑对时间流逝变得麻木。这才是跑步时该有的状态！我在训练中集中精力，保持速度。我知道会遭遇痛苦，会经历情绪的高低起伏，但是，我只能全力以赴，跑不动了，就得走。痛苦只是暂时的。

  在比赛时，我依赖支援队来保持斗志，获得援助。他们帮我维持速度，让我感受到积极的气氛。我的身边都是好友。其实，我关闭了大脑，让朋友们打理一切。支援队的队长是雷·扎哈（Ray Zahab）。我告诉他，从比赛开始，他就得帮我控制一切，我都听他的。我需要做的就是心无旁骛坚持跑动。我知道自己会得到极好的照顾。5 个人保障一个人，确实有些难以置信。在遇到困难时，我边跑边想，每一步都向着圆梦努力。许多年前，我就期待着参加恶水超级马拉松，现在终于等到时机了，只管去跑，必须去面对它。在许多方面，这都是一个让人激动的比赛。它让你调动身心最深处的力量，让意志力遭遇最艰巨的挑战。

  跑了 160 公里后，我能远远看到路边的孤松镇。我确实是在跑下坡，但是感觉完全不一样。时值正午，烈日当空，我累得要死。我还记得踩到地上的一个小坑，这个跑者平时极易忽略的细节，让我的情绪从高兴马上变成慌张，要出事了。我的身体已经过热，却依旧要快跑。幸好，当这一切发生时，我的团队就在身边。我跑向支援车，他们看了看我，拿出专门用来对付这种情况的特制冷却袋。在冷却袋里，我的核心体温快速下降了。我喝下了 3 升水，休息了 15 分钟，然后再度出发，就像没事发生一样。这就是参加恶水超级马拉松时的一个小插曲。在比赛中，我不断徘徊在平衡体温与竭尽全力之间。

  至今，恶水超级马拉松依旧是我的美好回忆。两年后，我驾车经过死亡谷，一切都是那样虚幻。我竟然记得每一段赛道，真是太有趣、太美好了。我将来要回去再跑一次，这事还没完。在比赛的最后阶段，我在攀登惠特尼山口时并不开心。我要重回赛场弥补遗憾。不过，作为那届比赛中最年轻的女性跑者，能获得全场第九、女子第五，我已经很开心了。

  金·赛格是极限耐力运动员。2008 年，她获得了恶水超级马拉松的全场第九名和女子第五名。更多信息请见 www.jensegger.com。

种类：自行车
时间：10 月
距离：817 公里（508 英里）
主要困难：长距离、酷热、高差
网站：www.the508.com
称谓：最难的 48 小时运动

过来人说："这是我一生中干过的最奇葩的事。它让我用与以前不同的视角去看待我的体能。"

熔炉溪 508（Furnance Creek 508）

穿越 10 个山口，经过地球上海拔最低、最干旱地点之一，所有这一切都出现在 817 公里的赛道上。这些挑战有多么艰难，熔炉溪 508 就有多艰难。

美国加利福尼亚州是一块极限之地。有好莱坞（Hollywood）的耀眼灯光，也有棕榈泉（Palm Springs）的寂静萧瑟，有汹涌的太平洋，也有高耸的惠特尼山。这些极限环境，让地球上最难的自行车赛中的一场，有了合适的举办地。熔炉溪 508 的赛道穿越加利福尼亚州，让参赛者们既能领略高海拔的空寂，又能体验盆地的酷热。

比赛从与洛杉矶相距不远的圣克拉里塔（Santa Clarita）出发，运动员离开洛杉矶后，很快就来到山中。真正的比赛就是这样开始的，越过山口，在死亡谷中穿行，再进入莫哈维沙漠。运动员们只有 48 小时去完成比赛。简单吗？除了各种艰苦环境，它的累计爬升达到 9000 米，因此有了"可怕"的名声。简而言之，相当于把环法大赛的 4 个爬山路段压缩到两天内完成。

显然，不是每个人都能完赛。退赛，或者不能在 48 小时内完赛的人数多达 40%。当你分析与比赛有关的各个因素时，就明白原因了。

熔炉溪没有遮挡。就算在骑行队伍里也是这样。前 8 公里非常美好，运动员们开始了解彼此，但是，一旦开始爬坡，交谈即告结束。不论如何，熔炉溪是一场个人赛，不分团队。在绝大多数里程内，运动员们必须单独骑行，只能接受固定支援队提供的最基本援助。

不过，运动员要想获得援助，

身心处于高度紧张状态

只有最强车手才会申请参加

就得骑车爬山，不论是爬坡还是下坡，都十分艰难。比赛的累计上升超过了 9000 米（累计下降类似），最重要的就是运动员不间断骑行，慢慢积攒距离，这需要极强的体力。同时，疲劳会让运动员下坡时难以发挥需要的娴熟技术。

不断变化的温度会放大疲劳。运动员夜间翻山，寒意阵阵；穿越死亡谷时，酷热令人难以忍受。尽管比赛在加利福尼亚州的秋季举办，在无风状态下死亡谷和莫哈维沙漠的温度依旧会超过 33℃。

当然，运动员夜间骑行在沙漠中，是完全不同的感受，从酷暑到刺骨寒冷，沙漠散热与吸热同样迅速。由于比赛不设休息点，在死寂的夜色中，运动员们经常孤身一人骑行在迅速降温的茫茫沙漠中。

运动员们会谈到奇怪的心理感受，这并不让人意外。不断的体力耗费与精神紧张，会让他们抱怨幻觉的产生，尤其是在夜间的沙漠中骑行时，更是这样。

因此，支援队十分重要。他们竭尽全力，让运动员们尽量吃好喝好，还要为他们按摩和鼓励加油，让他们保持快速行进，尽量多完成里程。从这个角度看，熔炉溪 508 是一场团队赛，运动员不能独自参

路上的一切都在挑战运动员

赛，这是有原因的。

当然，这样的比赛会吸引许多顶级运动员。男子纪录是 27 小时 15 分 21 秒，女子是 28 小时 46 分 34 秒，足够快。男女平均时速分别是 30 公里/时和 28 公里/时，在连续计时比赛中，这是非常了不起的成绩。

除去创纪录的运动员成绩，中位数的完成时间大约是 36 小时，约合 22 公里/时。

如果自行车赛还不能让你满足，组织这个比赛的探险集团（Adventure CORP），还举办了恶水超级马拉松。它与自行车赛一起组成了死亡谷杯（Death Valley Cup）。在一年内完成这两个比赛（不是一个紧接一个）的运动员，即可得到死亡谷杯。纪录是 59 小时，其中跑步 25 小时 45 分，自行车 33 小时 20 分。这是相当了不起的超级耐力赛成绩。

在美国本土从最高点到最低点，熔炉溪 508 是对耐力的严酷考验，它让体能最好的自行车运动员也濒临身心崩溃。在自行车耐力运动中，熔炉溪 508 称得上皇冠上的明珠之一。

苏珊·佛斯曼（Susan Forsman）与肖安·阿罗拉（Shuan Arora）

SF：在参赛前，我当过3次支援队员，就是为了看看比赛是什么样子，支援队需要怎样为运动员服务。我的训练为期一年，并且竭尽全力。在精神方面，我准备牢记"参加就是为了享受，参赛是为了看看能否完成"。目标就是哪怕熬到48小时也要完成。在体能方面，2010年我全年都在骑"死飞"自行车，也骑过几次一般车。我自己设计了包括骑车与力量训练在内的训练计划，也进行了高难度的山地骑行与间歇训练，确保肌肉力量能够抵御疲劳。

SA：更有经验的车手告诉我，训练里程并不那么重要。一个朋友说，不必在2天内骑800公里，来为一个800公里的2日赛训练。另一位参加过这个比赛的朋友说，劳动节之后，就不要进行超过200公里的骑车训练了。我学到了心率训练。在骑"死飞"自行车时，我的心率经常偏高，引发哮喘。如果我在某天骑车上班时的平均心率为150次/分，下次能否降到140次/分？

SF：我参加单人组，招募了3个支援队员，他们要负责我的餐食、饮水等比赛所需。难点在于我的速度是否能够赶上他们。我有世界上最好的支援队。

巴里·佛斯曼（Barley Forsman），罗伯特·崔（Robert Choi）和戴维·霍格（David Hoag），他们都是破纪录的长距离自行车运动员，在超长距离比赛中颇为出名。总之，我不想让他们失望。你不能带着这套班子去参赛，却无法让他们见证胜利。

SA：我想得最多的是算数。我总是在计算平均时间、到达时间，思考如何增加平均值来改进某些目标。我计算需要多少分钟来到达下一个目标，来提高平均速度。数字目标与增量改进，让我保持动力。

SF：我最大的问题，就是一直在考虑装备故障。我骑了大约560公里，发现车座歪了。我让支援队的车停下，告诉他们毛病。罗伯特和巴里下车查看自行车的车座，没发现任何毛病。他们也没说我的身体有问题。我做好了迎战风雨和日晒的准备，唯一可能坏掉的就是车。我不能打败自己。

SA：调试自行车，为了能骑得更快。路上有许多上下坡道。现在想想，让心率保持在70%的水平并不合适，因为在几个下坡的地方，我必须停下。

SF：这是我一生干过的最了不起的事。它让我对身体有了新的认知。最重要的是，我知道了我不是独自完成的。我一直都在拼命蹬车，没有滑行。但是，如果没有支援队，我觉得不可能有这样的结果。

SA：我喜欢这样的赛道，也喜欢与别人一起骑车。身处超长距离比赛中的吊车尾阵营，我谈不上有多么喜欢竞技。如果骑的是普通车，我也许能身居中游。但是，我也不会因为使用"死飞"自行车参赛就感到受了特别关注，或者自我膨胀。

苏珊·佛斯曼与肖安·阿罗拉都骑着"死飞"自行车完成了比赛。

关键事实

种类：跑步
时间：3月
距离：190或560公里
主要困难：寒冷、心理
网站：www.6633ultra.com
称谓：地球上最难、最冷、风最大的极限超马

过来人说："对每个人来说都是了不起的挑战。"

6633极限冬季超级马拉松（6633 Extreme Winter Ultra Marathon）

与时间赛跑，战天斗地。6633极限冬季超级马拉松，让最硬核的运动员，迎战大自然中最好的一面和最坏的一面。

北极圈是蛮荒之地。在残酷的自然环境中，寒风横扫冰原，折磨着零散居民点内的人。这些居民点几乎与世隔绝，不多的几条通向外界的路，维持着它们与文明世界之间的联系。6633北极超马的赛道，差不多就是这样的路。

与时间赛跑，战天斗地，甚至要想办法活命，6633是对运动员的全面考验。6633这个数字，代表了北极圈的纬度，以及比赛的纬度分数。北极与文明世界的分界线，就是北纬66度33分。运动员们需要穿越北极圈，才能抵达终点。如果参加190公里组别（并不简单），终点在麦克费尔森。参加560公里组别，仅在加拿大西北地区北冰洋沿岸的图克亚科图克（Tuktoyaktuk）有一个检查站。

为了到达如此偏远之地，运动

运动员需要自行携带补给

温度低至 -45℃，必须考虑冻伤风险

员需要克服包括极寒在内的诸多困难。在极北之地，寒冷统治着一切，温度很轻易就跌破 -45℃。这还没有把风寒效应考虑在内。在极限低温中，水会立刻结冰，让运动员从饮水到呼吸都面临问题。寒冷也会对身体造成威胁，如何选择装备至关重要。

许多运动员都想努力复制北极圈的条件。不过，一旦比赛开始，他们才发现更换物资已经太晚了。因此，在收拾行装时，运动员们只能尽量设想最糟糕的情况，然后保证物资不缺少。

比赛几乎是全自助式的。所有运动员必须携带比赛期间的全部物品，并且只能接受组织者提供的帮助，这意味着要拖拽 70 公斤重的雪橇，在冰冻的高速公路上前进。已经疲劳的身体，就这样被陌生规则碾压。

陪伴极其罕见，因此非常受欢迎

组织者尽全力保证大赛安全进行，运动员们之间的间隔差距仍旧很大，要面临孤独。在危险且荒芜的环境中独处，是一种精神折磨。任何想要完赛的运动员，都得具备极强的意志力，以及一些必要的生存常识。他们不但要迎接寒冷和烈风，还要面对饥饿、脱水和严重的睡眠不足。

如同其他超级马拉松赛，6633同样有严格的时间限制。为了完赛，多数运动员必须日夜兼程，尽量少睡觉。睡眠不足就成了严重的威胁。一些人甚至站着都能睡着，在比赛时发生幻觉。在多数比赛中，这都算不得危险。但是，在6633，运动员一旦在不合适宿营的地方睡过去，就可能发生各种危险。

赛道以运营中的高速公路和一段机场跑道为基础。由于不是完全与世隔绝，运动员们必须随时注意往来交通，毕竟在疲惫状态下，人的反应要慢不少。由于暴风雪频发，起降的飞机不多，但是部分公路上时常是白茫茫一片（与能否完成比赛有关的又一个不可控因素）。因此，交通风险始终不可忽视。

由于种种风险因素，比赛的规模很小，并且不是人人都能完赛。2011年，6人起跑，只有罗利·莫甘（Lowri Morgan）完赛并到达图克托亚科图克，时间是174小时8

道路漫长、寒冷且凶险

赛。2009年只有克里斯托弗·托德（Christopher Todd）完赛。这可真是对硬核玩家的极限测试。

6633北极超马的所有元素，成了对运动员的全面考验。它让运动员们展示出真实的身心状态，只有那些最优秀的人才能参加，才具有完赛的可能性。

分。而190公里组的6个参赛者中，有4人完赛。完成率并不比往年好多少。2010年560公里组无人完

米米·安德森（Mimi Anderson）

6633是我参加的第一个寒区比赛。我写了一份参赛计划。我不知道会发生什么。我喜欢这个比赛，它真的很难。

许多人参赛时并没有计划，例如怎么行进，在检查站待多久。其实做计划很简单。我的计划就是方案A、方案B、方案C这样的，然后就是执行。肯定会有意外，但是你告诉自己不要多费心思。你知道如何处理避险，但是受制于环境，你不可能耽误过久。你必须集中精力，因为一旦犯错，事关生死。

在我的头脑中，我知道要走差不多100公里才能到下一个检查站，以及要花费多久时间（很幸运，我基本上可以控制好时间）。这样看，我知道接下来会发生什么。

但是，我不知道该怎么对抗寒冷。我既不太适应又不太喜欢冷。不过，既来之则安之。我们参赛时恰逢最冷年份，因此运动员必须遮盖全部皮肤，否则极易冻伤。运动员要佩戴滑雪眼镜和滑雪面罩，每次吃东西，都得摘掉手套和眼镜，拿出食物，扯下面罩，吃完了再把自己包起来，然后咀嚼食物。如此重复。

睡眠剥夺比寒冷更可怕。我不介意孤独，在比赛中的大多数时间，我都是独自一人。我做了准备，因此并不担心。但是睡觉问题真是无解。跑了170多公里后，工作人员发现我在检查站附近站着睡着了，我总是边走边犯困，最麻烦的就是睡不够和出现幻觉。

不过，赛道非常美。这对每个人来说都是了不起的挑战。我觉得这比在酷热环境中奔跑更能体现"极端"。不确定性足够多，称得上是一次冒险。我爱它。

米米·安德森是跑界传奇。在她的诸多成就中，还包括是完成恶水超级马拉松往返跑的女子第一人、创下7天跑步机里程世界纪录等。更多信息请见 www.mavellousmimi.com。

运动员视角

143

关键事实

种类：多项赛
距离：514公里
主要困难：炎热、洋流
网站：www.ultramanlive.com
称谓：人人获胜与追求卓越是基本规则，在这样的气氛下，可以分享个人资源。

过来人说："虽然我完成过一些严苛的比赛，但是在这之中，没有一个能够像夏威夷的超人世锦赛那样，称得上终极挑战。"

超人世锦赛（Ultraman World Championship）

对许多人来说，光是想想铁人三项赛，就觉得很难了。那些愿意参加超人世锦赛的人，要在全球最难赛道上，战胜酷暑、强风与无法避免的疲劳，征服差不多3倍的里程。

每年，三项赛世界的目光，都会聚集到夏威夷的Kona岛，那儿会举办世界上最著名的三项赛——铁人世锦赛（Ironman World Championship），它是最难、竞技性最强的三项赛。但是，除了铁人世锦赛，夏威夷还有另一个更长、更难的比赛。它的距离几乎是世锦赛的3倍，需要花费数天才能完成。这就是超人世锦赛。

超人世锦赛创立于1983年，比铁人世锦赛晚了3年。但是，在这个为期3天的比赛中，一小撮精英运动员挑战人类极限，参加游泳、骑车和跑步三个项目。

要想参赛，你必须优秀——并且足够优秀。要想获得邀请，就必须完成过往届比赛，或者加拿大超人赛（世界上还有其他能够获得邀请资格的超人赛），并且还要在18个月内完成过一场长距离铁人三项赛。光是完成任何一项资格赛，就有足够难度。要想在完成资格赛后入围，就得做些特别的事。

只要分析一下比赛对运动员的要求，就不难明白这样做的原因。

瓦胡岛著名的火山区

夏威夷美丽而独特的挑战

这场为期3天的比赛，于日出前在Kailua码头开始，游泳10公里，游到Keahou，体感水温约为21℃，运动员可以选择穿着湿衣，组织者也建议这么做，来防止被水母蜇伤。每个运动员都有专属的支援团，递送水和食品，鼓励其度过难关。比赛确实极有难度，在游泳环节的最后阶段，海浪和漩涡使得前进格外艰难。一旦靠近岸边的悬崖，运动员还要小心锋利的岩石棱角。游泳的关门时间是5小时30分，不是每个人都能完成。

对游泳完成者来说，好戏还在后边，他们一出水就得骑车145公里。岛上的路已经够难了，何况还是在运动员已经奋力游泳10公里之后。在正午时分的骄阳下，运动员们开始骑车。酷热笼罩着火山地貌，伴随着大风。此外，骑行路线以上坡为主，累计爬升2316米。运动员完成骑车，才算是到达第一天赛程的终点纳玛卡尼帕欧，关门时间仅有12小时。

当然，第二天同样不容易，要求运动员在酷热与大风中骑车276公里，完成2621米的爬升，时限依旧是12小时。运动员们要使用疲惫的双腿，从纳玛卡尼帕欧骑车到科哈拉村。

随后，比赛进入第三天。如果还没退赛，运动员就得在火山岛上跑84公里，也就是两个马拉松的距离。除了长距离与疲劳，酷热与大风让最好的运动员也心存担忧。

竞争非常激烈。目前的纪录是男子21小时41分［霍尔格·斯皮格尔，（Holger Spiegel），2010］，女子的记录是24小时7分［安博·蒙福特（Amber Monforte），1998］。完成者的名望，足够让每个人燃起挑战最快时间的欲望。

超人赛独具一格。最好的运动员汇集到夏威夷，形成了超越"常规"和挑战极限的氛围环境。如此一来，这些人就成了一个独特群体的成员，他们认可并理解比赛举办地的价值观。同时，具备了参加如此高难度、高要求赛事的力量与勇气，并且成功完赛的人，自然懂得他们已经跻身顶级耐力运动员的行列。

安博·蒙福特（Amber Monforte）

我发现精神和心理可能是最重要的。每个参赛运动员都会遇到痛苦，放弃其实是很容易的。每个人都经历过这样的时刻。我喜欢参加耐力赛的一个原因，就是它能挑战我的意志，让我了解自己在压力之下会做出什么反应。这不意味着我没有体能训练。但是，我认为，在超级比赛中，让人到达终点的，最终还是顽强的意志。为了参加比赛进行的长距离骑车与跑步训练，是最有趣的部分。我喜欢找个理由，连续骑车10小时。早上收拾妥当，做个粗略的计划，骑车出门；一天下来，骑到哪儿算哪儿，这就像一次探险。

2011年，我的困难比上一年要多。从5月份开始，直到比赛前6周，我不是生病就是受伤：肺炎、寄生虫病、跟腱炎、骶髂关节病。比赛前6周的时候，我都不知道能否参赛。我的骶髂关节形状异常，根本不能骑车。我花了两周来思考要不要参赛。因为伤病，我耽误了大多数训练，可用的准备时间已经不多了。我早就计划了行程，预付了差旅费，因此决定先去夏威夷，待一个星期看看怎么样。很幸运，经过几次手法治疗后，我恢复正常，又能骑车了。

另外一个难处就是我是全职护士。工作日从早上6点半工作到晚上7点半。训练就意味着早上3点45起床，然后完成一到两组课程。在上班前，我在跑步机上进行速度练习，因为这样可以在短时间内取得较好效果。

比赛十分有趣，是对这些年所有艰辛付出的检验。在赛前，我心情有些紧张，特别是站在10公里游泳起点的那一刻。游泳似乎无休无止，我无法让心情完全平静。在比赛中，情况有好有坏。当局势变糟时，我尝试思考怎么做才会好受一些。这通常意味着要多吃些东西。能旅行和参赛，是多么幸运，我希望牢记这些经历。我是个护士，出门骑车和跑步，能让我找到乐趣，平衡生活。

参加任何超级比赛，都会遇到问题。如何解决问题，决定了比赛的走向。有些问题的对策是在赛前就想好的，不过，总是会有意外。今年，我第一次在游泳时晕浪了。游泳开始3公里后我就吐了，一直持续到骑车开始一小时后。我只能游得慢点，多补给饮食。

在夏威夷比赛是一种享受。作为护士，我时时刻刻与人打交道，却不能做自己想做的事，能参加运动就已经很享受了。

超人是一项充满惊喜的比赛，不仅仅是3天的较量，经历也包括在赛前见到其他运动员和他们的支援队，我把它称为家庭聚会，我每年都去Kona。我要去见见那些一年未见的人。我们经常一起进行一些游泳或骑车训练。比赛后，还有在游艇上的庆祝活动。既然许多因素超出了我的控制范围，我的目标就是完成。当然，如果能快速完成，那就太好了。

安博·蒙福特多次在超人赛中夺冠。

关键事实

种类：跑步
时间：6~8月
距离：4989公里（3100英里）
主要困难：地形、心理
网站：www.3100.srichinmoyrace.com
称谓：世界上最长的发证书比赛

过来人说："你需要订制个人计划，保持内心平静，战胜自我，才能超越自我。"

超越自我 3100 英里（Self Transcendence 3100 Mile Race）

在52天里，围绕单圈长883米的跑道，连续跑3100英里（4989公里）。这个距离十分吓人，难度极大。但是比赛目标明确：超越自我3100英里的运动员们，通过参赛来放松或是集中精力。

当纽约市牙买加昆士地区（Jamaica Queens）的第一位上班族前来报到时，比赛就开始了。运动员们在车流、学童、无家可归者、推童车母亲之间奔跑。在一年的52天里，运动员们成了牙买加的一部分。社区中的许多人，既不欢迎也不理解这些跑者的举动。不过，少数人懂得是什么让这些世界上最顽强的运动员们，日复一日地围绕同一个街区跑步。

这就是超越自我3100英里的吸引力。不同于书中的其他比赛，它的目标不是比其他人跑得快或远，而是其他（虽然同样有竞技元素），那就是达到全新的、由内而外的完美。因此，这些运动员绕着同样的街区奔跑。跑一圈是883米，要想完成，得跑5649圈。多数人跑完1600公里就会退出，也有人能全部完成。终点就是他们开始跑步的地方，这就是比赛的含义。

运动员们的精神压力巨大。多数超长距离跑步赛的运动员感到痛苦时，可以用周围变化的景色分散注意力。但是，超越自我3100英里的运动员不能这么做。赛道与一条高速公路相交，学童们经常模仿他们的动作，附近的暴力犯罪时有发生，而运动员们必须时时刻刻保持跑步状态，他们身边就是络绎不绝的行人与骑车人。

此外，运动员们承受着极大的时间压力，为了完成比赛，每天必须至少跑97公里。如果每天都得这么跑，负荷非常惊人。本来就不多的运动员，会因此不断退赛。

运动员们每天变换跑步方向，来避免损伤。

每天跑97公里，只有具备最强身体和最强大脑的参赛者才能完成

身体几乎没有喘息之机

运动员们沿着牙买加昆士的铺装路面跑步

就算能战胜精神压力，要想完成比赛，身体负担也巨大。环境只有牙买加社区的水泥路。这是最坚硬的路面之一，水泥要比沥青（常见的路面）更硬。身体会遇到巨大的冲击，每天都得重复无数次的双脚触地动作。

这是真正的路跑。运动员们要像行人（非参赛跑者）一样应对街道上的状况，例如，小心地上的垃圾，应对52天内可能出现的各种意外（被车撞并不罕见），还要避开附近高速公路上汽车的尾气。在这样的条件下，跑者们不得不注意，就是随机应变，随时准备变换方向或速度。

当然，对水泥路面和垃圾带来的对比赛的影响，组委会无能为力。但是，他们每天指导变换跑步方向，尽量让运动员避免总是沿着一个方向跑步可能发生的疲劳性损伤。此外，路边还有几个服务站，其他全凭运动员的身心耐受力。

自我超越3100绝对名副其实。少数能完成者，都会对参与者的精神与身体力量不吝赞誉之词。

1996年，它的距离从4345公里增加到了4989公里。目前的纪录属于马普兰·施维克（Madhupran Schwek），2006年，他的完成时间是41天8小时16分。他在2002年的最好成绩是42天13小时23分3秒。女运动员的纪录由苏普哈·贝克约得（Suprbha Beckjord）保持，为49天14小时30分54秒。她也是完成历届所有比赛的唯一一人。

自我超越3100，让运动员们在世界上最单调的赛道上展开体力与毅力的较量。运动员要想完赛，不但要战胜残酷的体能挑战，还得征服所有的人为障碍。在这之后，他们才有资格声称领会到了"自我超越3100"的目标。

斯图提希尔·李波德夫（Stutisheel Lebedev）

2003年，我第一次报名参赛，但是没有获准。3月份，我接到一个电话，问我是不是愿意参加2004年6月的比赛。我的准备时间并不充分。但是，我觉得命中该去，就答应了。我研究了一些资料，看看需要如何准备。在完成2004比赛后，我又完成了8届。

在2004年6月之前，我跑过的最长距离，就是莫斯科（Moscow）的一个105公里比赛。只靠这点本钱，可达不到报名资格。首先，得有完成为期6~10天比赛的潜力。

我的训练贯穿全年，每天跑5~11公里，从3月开始增加里程与强度。每周最多跑160公里；此外，还做一些有关膝盖与后背的训练，来适应长距离奔跑。

5月，我开始吃清理肠胃的套餐。我觉得要想让内脏适应比赛环境，这很管用。在前23天，如果不清理肠胃，也没什么。但是后23天依旧要面临巨大的运动负担，吃了，能有大帮助。

你需要保持稳定的速度，并且适应慢跑。开始时，我发现控制速度慢跑很难，需要进行一些训练。现在，我有了更多经验。我试着随着距离的延长，逐渐加快速度，每周增加一次速度训练，全速跑5公里。当然，保证跑步训练的总量是第一位的。

心理准备最关键。最根本的是，如果你能坚持这么久做一件事，那么一定是要非常喜欢。我从小就酷爱跑步，在乌克兰的美丽树林中训练，我喜欢随心所欲。保持心理平静极为重要。我练习冥想超过20年，它能够帮助我稳定情绪。你不能带着赢得比赛或是战胜对手的态度去参赛。你必须制定自己的计划，然后保持情绪平稳，与自己比，才能获得超越。

达到这样的状态，你才能处理比赛中发生的问题，真正谈得上享受跑步。我跑步的时候，感觉接近了灵魂，发现了内心深处的快乐，驱散了怀疑与虚伪，收获了真正的快乐。

运动员们之间相互扶持，这是独特的赛场环境。我在完成时，并不激动，反而更像是"就这样吧"。跑步时，我可以更好地进入冥想，更少需要睡眠，觉得一切都更好了。比赛很难，但是几个月后，你能回忆起的，都是正面的体验。

斯图提希尔·李波德夫多次完成自我超越3100，更多信息请见3100.lebedev.org.ua。

巴塔哥尼亚远征赛

丛林马拉松

哥斯达黎加征服者

南美洲

关键事实

种类：多项运动
时间：2月
距离：600公里
主要困难：天气、技术、地形
网站：www.patagonianexpeditionrace.com
称谓：最后一个荒野比赛

过来人说："巴塔哥尼亚远征赛，代表了户外多项赛的内涵：无后援的荒野探险。"

巴塔哥尼亚远征赛（Patagonian Expedition Race）

伴随着艰苦的环境、多变而极端的天气，以及地球上仅存的荒原，巴塔哥尼亚远征赛是一场旅途，也是一次挑战。

位于阿根廷与智利之间的巴塔哥尼亚，是真正的荒芜之地。那里的居民不多，去那里观光的人就更少了。那里的天气难以预测，土地也不适合人类居住。但是，因为绝美的景色，世界上最难户外比赛中的一场，落户此地。

巴塔哥尼亚远征赛始于2004年。参赛规模为20支队伍，每队4人，按照团队成绩排序。每支队要完成多个项目，行进总距离超过600公里。比赛于南半球夏季的中段举行（巴塔哥尼亚距南极1500公里），每天的日照时间可长达17小时。参赛者要面临严酷的体能与心理考验。

团队作战

绝美的环境

此外，团队赛让每个运动员的身心更易疲劳。每支队伍必须包括4人，必须以队伍为单位共同进退，只要其中一人无法继续参赛，全队就得出局。这不但要求人员配合（尤其是在困难环境中），而且让单个队员承受更大的压力。在一个无法寻找近似环境进行训练的比赛中，如果不甘心拖累队友，谁也不会选择退赛。

除了队伍之间的竞争，运动员最大的挑战来自如何在比赛中幸存。运动员们需要应对河谷、巨石、冰川与峡湾等环境，所有这一切，大部分队员只在书本上读到过，或只在电视上看到过。南部大陆冰川、麦哲伦海峡、托雷德裴恩国家公园、火地岛、比格尔海峡、合恩角，所有这些都是能激发士气的壮美风景。

不过，真相非常现实。多变的天气经常让运动员们连续多日又湿又冷。

要想应对并战胜不利天气，就需要运动员具备多方面技能。直到比赛前一天晚上，组织者才会公布路线图，这意味着运动员需要一流的导航技术。然而，规则规定不准使用GPS，因此运动员只能使用纸质地图和指南针导航。运动员依靠最原始工具来规划穿越复杂环境的最佳路线的能力要比好的体力更重要。

最快完赛的人，常常不是跑得最快的，而是善于找捷径和走捷径的。

比赛并不限于边走边导航，还涉及多个方面。走只是必须完成的一部分，并且所有队伍都得走不少。运动员们除了走，还得在烂路上骑山地车、绳索攀登以及划船。

运动员划船必须达到熟练水平，如果在危险海域翻了船，必须能自救。运动员必须掌握的绳索技术包括上升、下降与固定式绳索登

环境壮美，但赛道为世上最难之一

参赛时不变的担忧，就是天气易变

山。有些户外赛把绳索技能作为游戏项目，而巴塔哥尼亚远征都是来真的。如果需要运用绳索，运动员必须能在必要时候动用真功夫。

巴塔哥尼亚荒原地形粗犷，环境恶劣。组织者只提供有限参赛席位。在许多时候，每个参赛队独立前进，前后不见人。

他们在赛场上相互争夺，但是在检查站之间必须自给自足。这就是每个队伍（包括每位运动员）都要按照清单携带一大堆强制装备的原因，这些物件包括卫星电话、四人帐篷、根据天气添减的服装和急救物品等。这还不算饮食与饮水。这些物资要提前进行分配，由队员全程携带。难度本来就很大的比赛，因此变得更加艰难。

虽然比赛可以欣赏美景，但是路线并不确定，因为路线与距离每年都有调整。不同年份间的团队成绩比较十分困难。不过，能够确定的一点是比赛吸引了世界上最快最强的户外赛队伍。

巴塔哥尼亚远征赛是一场对耐力的残酷考验，参赛者直接面对地球上最难对付的自然环境。他们要一边对付复杂多变的极端天气，一边完成不同项目的高难度挑战。不过，完成者们都理解，他们征服了世界上最美丽的地区，拥有了可以讲述这段传奇经历的资格。

马克·拉坦兹（Mark Lattanzi）

我认为户外赛运动员的训练方式与跑步、三项赛等耐力项目的运动员完全不同。我没有为了某个比赛而专门定制训练计划。我的人生更像是以与户外赛有关的活动为中心，每天都做这样的活动。

为参加巴塔哥尼亚远征赛做准备，困难重重。比赛很难，像野外求生那样。该带什么东西参赛，成了一个严肃话题。在距离更短、相对容易的比赛中，轻便是选择物品时的主旋律。而在巴塔哥尼亚远征赛中，极端天气频发，可靠性是首要的。带上在一件随时可以更换的上衣，效果要好得多。这就是坚持完赛与退赛的区别。

回归参赛，也是艰难的决定。因为这意味着连续数天的艰苦跋涉，浑身湿透而不能及时更换衣物。拜访巴塔哥尼亚地区，是我儿时就有的梦想。我还记得在学校读书读到此章节的情形，大片的多彩植物铺满了河谷，层叠的巨石，冰川和峡湾，对我来说，这就像是另一个世界。所有这一切，都出现在我到过的地球最南端的地方。13年后的2009年，我终于到了那里，如同我想象中一样美丽而壮观。在2009年的巴塔哥尼亚远征赛期间，我觉得像是去了人类从未到达过的一处纯自然地区。参赛期间，我多次有身处人类未达之地的感觉（实际上已有领先我们的3支队）。美丽与挑战并存，我爱它。

在2011年的比赛中，我们遇到了比赛总监想让我们遇到的所有障碍：沿着湖岸骑车或徒步、深谷速降、渡河等等。我们还发生过队友在比赛第一天就弄丢胰岛素药品这样的事。她难以维持合理体能和调控体温。作为团队，我们已经尽力照顾她了，替她背负物品或是祝她好运。毕竟，我们也有可能退赛，这是非常明确的。

参加比赛，是我在户外赛社区中的高光时刻。我已经完成了两次。在赛场上，我们穿越了生长着大批多彩植物的漫长河谷，围绕漂浮着浮冰的冰川湖徒步前进，观看海象、北极熊、北极狐与企鹅等有趣的动物；在麦哲伦海峡，我们划船与鲸鱼比拼速度；在山口旁边冰天雪地的营地休整，用绳索进行悬崖速降，然后跳入冰冷的海中。在2009年的比赛中，在食品耗尽后，我们得花数个小时去搜罗浆果，然后才能重新启程。

巴塔哥尼亚远征赛诠释了户外赛的精神内涵：在荒野中，长距离无支援的探险运动。

马克·拉坦兹在2009年的巴塔哥尼亚远征赛中获得了第四名。更多信息请见 marklanttanzi.com。

种类：跑步
时间：10月
距离：220公里
主要困难：地形、炎热
网站：www.junglemarathon.com
称谓：探索广阔国家的神奇区域，亲眼欣赏自然奇迹

过来人说："完全疯狂、完全混乱，如果要参加这样的比赛，就选这场吧。"

丛林马拉松（Jungle Marathon）

伴随着有毒的树木、可怕的美洲虎、沼泽地、山地与难以呼吸的炎热，这是世界上最折磨人的地方之一，使运动员们达到人类耐力的极限。

亚马孙丛林是地球上最不适合人类居住的环境之一。它的范围涉及9个国家，生活着地球上十分之一的生物物种。只有很少的人能有机会来此一探究竟。

丛林马拉松的参与者们就是这样的幸运者。这是一场自给自足的多日赛，分为6个段落（最长的一段有89公里）。丛林马拉松穿越亚马孙丛林，在远离人烟处或村庄安排宿营地。赛道每年都会发生变化，不变的是，参赛者都会全身心投入其中——把生死托付给这片地球上最著名的雨林。

亚马孙地区有世界上最神奇、最致命和最神秘的生物。赛道上有蜘蛛、蛇、蚂蚁和蚊子。美洲虎、鳄鱼和食人鱼也许不那么常见，但是，它们依旧有可能埋伏在必经之路的树上、河里或沼泽里。植物并不比动物友好。许多树和草带刺，甚至有毒。医务人员经常应运动员的要求，从他们的脚、腿和手臂中拔出长达3厘米的刺。

有些障碍无法逾越。在丛林马拉松中，没有人工道路。赛道当然有丝带标记，但是运动员们一旦遇到倒伏的树木，就得绕行、从上方翻越或者从下面钻过去。

路线起伏甚多，运动员们要不断沿着陡坡攀爬和下降。下坡比上坡更难，落脚点崎岖不平（还可能有不友善的动物）。此外，在即将爬坡时，经常会有河流或泥沼挡路。

因此，浑身湿透是必然的，运动员要适应在浑身潮湿的情况下比赛。

不论上坡还是下坡都很难

过河至少能降温

下面有什么

潮湿也许可以减少最严重的麻烦（炎热），但是会给身体和脚带来麻烦。水泡极为常见，而且也可能毁掉比赛，这是皮肤发热与出汗加上持续潮湿的后果。

无疑，酷热是最难熬的、最危险的。温度经常超过40℃。在潮湿且无风的环境中，热与脱水很容易让体力最好的运动员崩溃。因此，在每个赛段的终点，接受静脉注射的运动员不少。然而，比赛的残酷性在于，静脉注射需要接受2小时的加时惩罚。为了应付这些危险，比赛成立了人数众多的医疗队，他们经过训练，可以处理从脚后跟溃烂到体力衰竭的众多问题。

每个赛段，从起跑到终点，运动员们都得自给自足，为了在遇到危险时自保，就得携带众多强制物品，例如食物、水、急救包、基本生存器材等，全套重量约为10公斤。负重进一步增加了体力消耗。运动员必须全程随身携带这些物品，否则就会被加罚时间。同时，考虑到原始森林中的各种危险，大赛非常注重确保每个人都遵守规则。

每个赛段的距离在16~89公里。不过，最短的未必是最容易的和最快到达的。尽管有路标，运动员们还是得一边穿越密林，一边自行寻找标记。如同其他许多自给自足的超长距离比赛，组织者会提供最基本的协助。

对完成者来说，巨大的成就感难以言说。一些赛段将运动员们置于世界上最不适合生存的环境，但是这些环境中也有着难得一见的美景。到了那里，运动员就能亲眼看到多数人只能在电视上看到的事物，遇到独特的生物，与世界上面积最大雨林中的景色与声音亲密接触，同时还要面对让多数人无法胜任的体力挑战。丛林马拉松就是这样一场让人生畏的挑战；但是，参赛经历值得铭记终生。

残酷的环境等待着参赛者

马丁·诺布斯（Martin Nobbs）

丛林马拉松的环境极为原始，你无法判断身在何处。其实，我不知道还有没有更加与世隔绝的比赛环境。它的举办地是亚马孙盆地。

当然，人们不会因为办比赛去砍树。运动员就得跟随路标，不断绕行，攀爬或是钻过各种各样的树木。一些树体量巨大，宽度就有3.6米。这样描述那些很少被人看见的树，也不容易。

说到动物，树上、营地里到处都有毒蜘蛛。在半夜醒来，他们有时就在蚊帐的另一面。蛇的数量也不少。今年，还有两三个人说看到了美洲豹。只有到了晚上，丛林里的动物们才开始活跃。在白天，动物们不想与人有任何接触。因为100人的跑步比赛，把它们吓坏了。当天色渐渐暗下来后，森林中变得疯狂，响起各种声音。

通常，当声音响起时，你已经躺在床上了。如果没有心理准备，这些噪声还是很可怕的。四周一团漆黑，连前方二三十厘米处都看不清，你戴着头灯奔跑，周围只有噪声，确实让人发疯，但是，这非常神奇——只要你能不去想。

比赛的一个难点就是集中精力。我知道我一定能完成。不过这很难。能否完成，精神层面占到60%。要想完赛就一定要有信心。就算处在痛苦中，只要有正确的态度，一样能坚持前进。我在第一次参加时，双脚在第四天结束时疼得厉害。我只能忍痛跑完那天的赛段；在第五天和第六天。疼痛加剧了。你能做到就是不去想，与疼痛共处，把比赛当作必须完成的工作来对待。

运动员之间的友谊帮助莫大，不输任何因素——太奇特了。你在亚马孙腹地奔跑，完全疯狂、完全混乱，如果你想尝试这样的比赛，就不要错过。

马丁·诺布斯参加过两次丛林马拉松。

关键事实

种类：山地车
时间：11月
距离：467公里
主要困难：爬升、地形
网站：www.larutadelosconquistadores.com
称谓：测试你的一切——骑车技术、身体耐力和精神力量

过来人说："特别好的比赛！哥斯达黎加征服者远远超出其宣称的那样。永远都在上坡！而且都是陡坡！"

哥斯达黎加征服者（La Ruta De Los Conquistadores）

在天堂骑行，赛道长467公里，伴随着5段山脉、11887米的累计上升。世界上最强的山地车运动员，参加哥斯达黎加征服者也会接近极限。它有着号称"世上最难、最美之一"的路线。

胡安·德·卡瓦龙（Juan de Cavallon）、皮雷凡·德·雷瓦拉（Perafan de Rivera）和胡安·瓦斯奎斯·德·科罗纳多（Juan Vasquez de Coronado）从太平洋海岸到加勒比海的远征，用了差不多20年时间；这是拉丁美洲探险史上的壮举之一。3位探险家翻越了5段山脊——最高海拔达到3432米，累计爬升达到11887米，见识了多样的天气系统（从热带雨林到荒芜火山）。

今天，参加哥斯达黎加征服者的运动员们，要在4天内完成这一切。

它的赛道，可以说是各地山地车赛中最难的之一，并且独具特色。卡瓦龙和他的伙伴们，必须穿越当时的人类未涉足地带，今天的运动员们要沿着泥浆路、石块路、沥青路和废弃铁轨骑行。现在的路况比过去好了，但是山路还是一样陡峭，天气等挑战同样严峻。

比赛从海平面高度的贾库镇（Jaco）开始，各类困难随即扑面而来。在被称为"休息日"的第一天，多数运动员也要完成110公里的距离和超过3657米的爬升。此外，温度变化增加了难度。在骑车爬上山顶前，温度可能高达30℃。

到了山顶，情况并不会变得简单。第二天，3048米的爬升在等待着运动员们，要经过两处大爬升才能到终点。第三赛段的困难更多，运动员要经过1830米的爬升，忍受肌肉疲劳，才能到达伊拉祖火山顶部的赛道高点，此时已经脱离了热带雨林气候。至此，一些运动员已经因为低体温症而退出。翻越伊拉祖火山后的下坡极为陡峭，对车的性能和人的意志力都是极大考验。完成第三赛段后，运动员们就

哥斯达黎加的绝美风光

比赛中可能遇到各种意外

接近终点了。第四赛段相对简单一些，它的后一半是沿着平地骑到加勒比海岸。不过，之前的396公里和11887米爬升，已经让运动员们非常疲惫。"轻松"只能是相对的。

这就是理想的比赛环境。由于赛道穿越众多种类的生态环境，大赛因受自然和人为条件所限而更改路线，也是常规操作。

关于比赛的起源，与本书中的其他许多挑战类似，一个人的探索情怀与改变世道的愿望，带来了这个比赛。罗曼·乌尔比纳希望让世人多多关注哥斯达黎加的濒危动物。运动员们在面临体力挑战的同时，还能深入一些最神秘的自然景点。赛道上的9个气候区，生活着世界上5%的陆地鸟类、植物和动物（面积仅占全球陆地的0.01%）。哥斯达黎加征服者，让运动员们可以从生态的角度，感悟这个号称"地球上最美国家之一"地区的生物多样性。只要你的体力不至于彻底耗尽，就可以明明白白亲眼欣赏。

哥斯达黎加征服者是体现探险本质的传奇赛事，穿越不同小气候区的爬升令人疲惫，火山速降，还有必须扛车步行的小道与极为紧迫的时间限制让运动员们惊心动魄。成为传奇，是有原因的。这个原因，就是难度。

地球上最艰难的山地自行车赛之一

托德·威尔斯（Todd Wells）

特别好的比赛！哥斯达黎加征服者绝对是物超所值。上坡没完没了！而且特别陡！让人心生"那么陡我是怎么骑上去的"的想法。找到正确的路也不容易，指示牌都不大，如果不是骑着摩托车，或是跟随熟悉路线的人，就很难看到。徒步也不差，许多地方需要推车和扛车。铁路桥很让人疯狂，不是因为可能会摔车，而是因为容易滑倒弄伤腿和脚。

另外，你可能遭遇车被盗，或者过某座桥时被蜂蜇，太刺激了。

我的第一天极为顺利，争取了不少时间。在那个星期的剩余时间里，都可以穿领骑衫。在第二天，我只遇到了爆胎问题，别的也算顺利，只是比第二名稍微慢了一点。第三天，一整天的时间，似乎永远是在上坡，没工夫干别的。爬坡上火山，爬升达到2100米，一个运动员就在我前方，让我压力很大。我在下坡时，才把他甩开。后来他在剩下10公里到终点的地方摔车了。我赢回了前一天被他超越的半数时间。最后一天，一开始就有两处爬坡（每一处要用15~20分钟），特别痛苦。在第二个土路陡坡，我放慢了一些；但是，在回到由铺装路、土路、铁轨和海滩组成的平路之前，我又能加速了。

说说我的支援队。他们是一切的关键。我们有两辆装运车辆与工具的越野车。在完成前两天的比赛后，我换了一辆车。

不论路途多么遥远难行，支援队总是出现在服务区。在崎岖泥泞的山路上，他们甚至数次几乎翻车。我们经过的地方，并没有街道与门牌标志，连详细地图也没有，如果不熟悉当地环境，真是寸步难行。

他们每天忙完了送饭和技术协助，还得为我彻底检修车辆，让我在第二天有车可用。在本职工作之外，他们还要负责清洁维护赛车和跑腿采购物资。比赛在上午6点开始，我们4:30前就得起床。支援队真是太了不起了。

哥斯达黎加人民很友好。晚上我们翻看电视节目，就能看到比赛的场景。景色非常壮丽。在最后一天，我们在加勒比海沿岸的利蒙完成比赛，这是高光时刻，最后10公里，有8公里是在沙滩上骑行，感觉好极了。

托德·威尔斯是2010年的冠军，他用时17小时18分6秒完赛。他参加过2届奥运会，多次赢得国际自行车联合会比赛的冠军头衔。

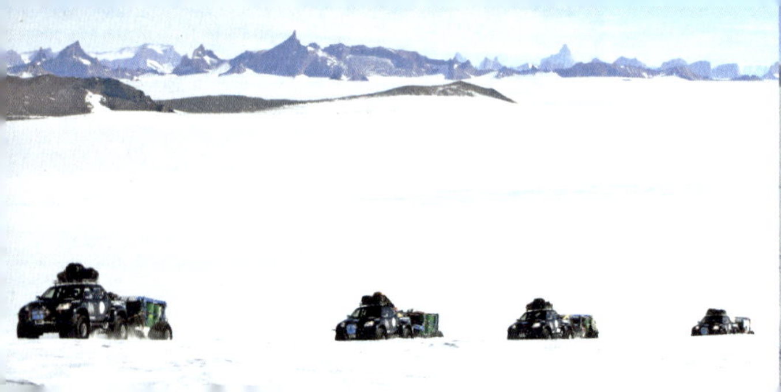
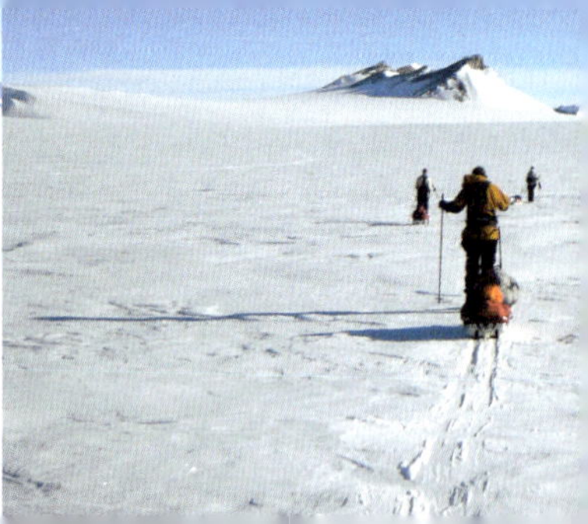

南极洲

关键事实

种类：滑雪与跑步
时间：1~2月
距离：777.8公里
主要困难：天气、高度、严寒
网站：www.extremeworldrace.com
称谓：终极极限耐力赛

过来人说："在最不适合人类居住之地，孤身一人。回家喝茶之类的事，是不可能的。"

极限世界赛——南极远征（The Extreme World Races South Pole Race）

-40℃的酷寒、烈风、白茫茫的雪暴，在这样的环境中，穿越南极高原，这让极限世界赛——南极远征成了对人类耐力的真正测试。

19世纪末20世纪初，那些最勇敢的勇士们，头脑中只有两件事——探险和发财。许多人选择去西方，一小撮人选择南下，前往南极洲。在探索这块危机四伏、与世隔绝和未经人类染指的大陆的过程中，无数人无功而返，或客死他乡。不过，取得地理与科学重大发现，以及将国旗插上南极点的诱惑，足以驱使探险者们前赴后继。

1911年，罗阿尔德·阿蒙森（Roald Amundsen）和罗伯特·费尔康·斯科特（Robert Falcon Scott）开启了南极竞赛。他们是那个时代最有名的探险家，在那次征途中发生的事文献中都有详尽记述。阿蒙森领先斯科特35天到达南极，返回祖国挪威后成了大英雄。而斯科特的团队在回程途中全军覆没。他的名字，成了英式探险走向衰败和终结的代名词。

极限世界赛——南极远征，就是在这样的环境中举办的。它的轨迹与阿蒙森和斯科特选择的探险路线都不尽相同，但是目标差不多。团队在地球上最荒凉的不毛之地展

如同真正的比赛，较量十分激烈

与世隔绝，场面震撼

开较量，最终目标：南极点。

与世界上其他条件残酷的比赛类似，完赛，只是南极参赛的其中一个收获。运动员进行数月的身心准备，才能去参赛，并站上地理南极点，这才是收获（取决于如何看待比赛）。

运动员为了去南极参赛，训练和准备也称得上"极限"。比赛招募17支3人队。每个队员都要在挪威经过强制性的极地训练。这项训练为期一周，地点是欧洲境内自然条件最接近南极的地方。运动员们要学习越野滑雪和冬季自理技能。此外，运动员还要熟悉如何使用雪橇——这是最重要的极地装备，必须做到能娴熟操作。

离开挪威后，运动员们要花数月强化体能，他们要为拖拽几百公斤重量穿越南极高原储备体能。

在从开普敦出发，一路向南，前往俄罗斯新星站的过程中，运动员们还要继续做准备。这次的任务是适应南极的气候。如果天气与环境不是太过极端，他们要面对的主要难点就是高海拔。

随后，比赛开始。

起点的海拔是3000米，这是不能忽视的问题。第一阶段的长度大约是345公里。走出起点，不管干什么，运动员都要完全自理了。

南极的环境不但严酷，而且极具特色。它地处高原地带，更是少数拥有时速130公里烈风的地方之一。暴风雪可以在数秒内完全屏蔽视线，温度可能低至 -40℃。在路上，冰雪下方可能就是幽暗深邃的冰缝，运动员必须谨慎通行。冻伤、肺炎和雪盲症不再是传说。在这样的条件下，全队必须携带有限的给养不断前行，才有可能走完漫漫长路，然后进行中途休息。运动员们要承受巨大的身心负担。

走完差不多 345 公里后，队伍必须暂停 24 小时，休息并重新安排补给，然后再走 345 公里，才能到南极。

从这里开始，在去高原的路上，比赛更难了。海拔在增加，越来越冷，积雪也越来越深。环境是这样的：白雪覆盖的刺眼环境无穷无尽，一直向极昼之下的天空尽头延伸。再加上比赛期间的疲劳、焦虑和伤病，你就进入了真正艰巨和可怕的困境。但是，对待比赛最用心的人，是可以克服这一切的。

队伍逐渐接近的目标——一座科考站，出现在视线中。还有一处标志物，纪念世界上最早到达地理南极点的两个人——阿蒙森和斯科特的成绩（与思想）。

极限世界赛——南极远征勾起了人们对 20 世纪早期南极探险壮举和其中各种神秘事迹的回忆。当然，技术今非昔比，路线也稍短一

在广阔的冰原上，组织者只能提供有限的帮助

南极洲就是条件严酷的赛场

些。但是，在地球上最荒芜之地，在为期 35 天（可以更快）的时限内，运动员们依旧面对传奇远征的种种磨砺。他们要战胜多数人几乎无法理解的恶劣环境与身心挑战——以竞赛的名义，获得过人成就。

马特·艾略特（Matt Elliott）

　　为了准备参赛，我听从了一些私人教练的意见，储备了体重。到了南极，我可能要在参赛过程中瘦 13~19 公斤。我希望增加的肌肉多过脂肪。第一阶段是在健身房每周训练 5 或 6 天。最后的 4 个月，我拖着一个轮胎，在公园里模拟拖雪橇时的背部受力。

　　为了适应严寒，我们去了瑞士。但是那儿正处在热浪时期。我们找到一处冰川，顶部的温度大约是 10~15℃，这意味着我们没有机会去检验装备是否能适应真正的极寒环境。我们还在挪威进行了为期一周的训练，学习了一些技术。

　　但是，如何准备，还是要从个人的角度出发。

　　精神准备更难，因为这本身就是巨大的未知。实话实说，看看我能够坚持多久，是我报名参赛的一个原因。在 18 个月里，每天我要想象比赛，它会是什么样子，可能成为什么样子，这也是其中一项训练。对我来说，-40℃只是个数字。因为我从没经历过在那样的温度中每天 12~14 小时拖雪橇，所以不可能有真正的领悟。在我遇到困难，然而又不得不坚持前进时，能有什么样子的精神状态？想搞清这一点是让我参赛的因素之一。一个人身处地球上最荒凉地带，不可能随时回家喝茶，能做到的只有坚持前行。

　　未知当然是一种恐惧。我做事条理分明，不过，这次要去的是一个我最不了解的地方。我不知道将如何应对。我只知道我有多么想完成它，我已经想象出每天 12 小时拖雪橇的情景。不过，事实上我更担心到了那儿之后，寒冷刺骨，旅途无尽，能否完成比赛。比赛极为艰苦漫长，环境恶劣，能获得的支援极为有限。一切都是未知。

马特·艾略特于 2012 年 1 月完成了南极远征。

运动员视角

伍德维尔航海

4大荒漠

沃尔沃航海赛

世界越野探险赛

自由潜水

温迪环球航行

各地 - 洲际

关键事实

种类：划船
时间：12月
距离：4100公里
主要困难：距离、天气、意志、洋流
网站：www.woodvalechallenge.com
称谓：让参加者超越身心极限的生命体验

过来人说："第一次在醒来时看不见四周的陆地，这种感觉无可比拟。"

伍德维尔航海（Woodvale Challenge）

人力划船至少4100公里，穿越世界上最凶险的洋流，方圆数公里内渺无人烟，推动前进的，只有你和你的队友。伍德维尔航海是对体力与精神的极限考验。

几个世纪以来，大西洋都在考验着驾船横渡者们的勇气和技术。当然，多数人得以成功回来。但是，大西洋依旧收割了少数失败者的生命，这时刻提醒我们自然力量难以捉摸，更难以抵御。

伍德维尔航海赛的参加者，就要面对这样的自然之力。在这场残酷的较量中，他们要么单枪匹马，要么两人一组，尝试从加纳利岛（Canaries）出发，前往安提瓜（Antigua），划船横渡大西洋——这段航道也被称为哥伦布航道（Columbus route）。

从空中视角去观察，两端点之间的直线距离为4100公里。但是，在大西洋划船，就要经常受到海流与风暴的影响。多数人的实际距离达4800公里，历时70天。

不论如何，挑战都是极残酷的。

运动员们要花数个星期、数月，乃至数年来进行体能训练，以面对世界上最严酷的环境。在多数时候，他们要面对的自然条件与天气难以预知。运动员们在准备阶段能做的事，就是多吃长肉（增加足够的体重来抵御消耗），以及参加长距离比赛作为适应性训练。但是，尽管运动员的长距离训练世人皆知，但是，几乎不可能有人在一次训练中就完成比赛十分之一的里程。

此外，当船队驶入大西洋后，征途就会变得残酷而痛苦。从比赛的起点开始，运动员们就得带齐所有要用到的物品，精神压力也会如影相随。一连数小时重复而机械

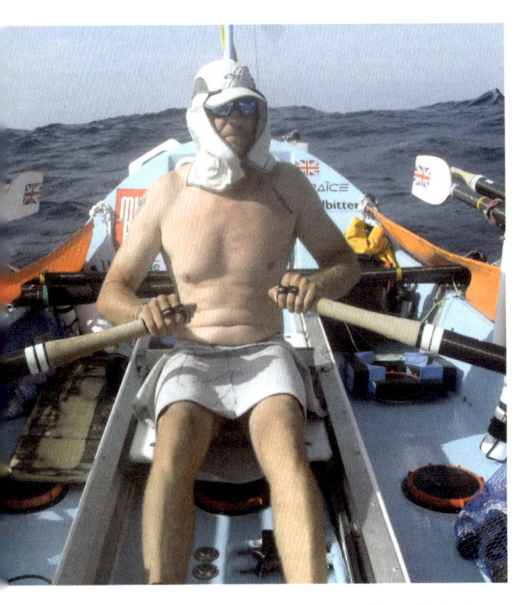

比赛艰难残酷

方圆数公里内只有大海与天空

的动作之后，海水溅到皮肤上如同烧灼。就像是跑者脚上起了水泡那样，在恶劣天气中，这会让本已疲惫的运动员们面临更显著的体能减损。

天气决定了运动员们会有一场什么样的比赛。比赛的时间是一年中最适合远航的。但是，各种强度的风暴依旧常见，船队遇到9米高的巨浪也不是不可能。风暴还会导致极端温度，使运动员面临疲惫之外的更多考验。

不过，精神上的挑战，或许是最难对付的。任何体能训练，都不能让运动员们面对绵延数千公里的海面。尽管会有一些过往船只，但是远离它们才是更好的选择。哥伦布航线是穿越大西洋的最快捷的航线之一，因此也是最繁忙的。所有参赛者都要注意避开巨轮，就算水面开阔也得多多小心。

与其他许多超长距离比赛一样，伍德维尔航海赛的装备准备十分重要。船队必须准备好所有物品才能出发，因为在穿越大西洋时无法获得支援。

组织者只提供天气预报。当船只离开加纳利岛后，船员就只能独

夕阳西下的美景

立面对一切了。如果遭遇意外，不论是给养还是人员，在救援协助到达（可能要花费数小时乃至数天）之前，必须自行处置。

　　最快的船只只要 70 天多一点就能横渡大西洋。慢的用时更久一些。但是，艰巨的挑战，都会把参赛者推向身心承受力的极限状态。在比赛结束时，所有人都可以讲述一段传奇故事。这是人类耐力的巨大成就。

本·泰克威（Ben Thackwray）

　　精神准备，没什么能帮忙的！你需要认真练习，能在任何情况下使用船上的任何系统，这样，一旦出了毛病，你才不会触发本能的恐惧。但是，就算是经过训练达到这样的程度，你仍难以应对早上醒来时发现周边没有陆地的情况。

　　最麻烦的事就是如何将船只准备妥当。你永远不会感到准备充分，总是会焦虑并思考："这样，或这样，会不会更好一些？"或者："如果我们携带了，会怎样？"

　　不过，经过一段时间，一切都会成为日常。你会适应砸在船身上的巨浪，你会信任船，适应睡觉 2 小时与划船 2 小时的轮替，融入环境，每天欣赏日出日落——夜间有最纯净的天空，棒极了！

　　但是，这一切并不简单。2007—2008 年间，我第一次划船横渡大西洋时，就遇到一系列问题。我们的两台海水处理器都罢工了，只能向过滤器内手工加水，这样操作的效率特别低。我们还遭遇了雷暴，只能坐在孤零零的碳纤维船上，关闭一切电子设备默默祈祷，周围什么也没有。我们的船舵被水下的不知道什么东西碰烂了两次！第一次出事后，我们用备用零件将其完美修复。第二次损坏时，已经没有了备用舵，就只能用其他备用零件临时凑合着修一修。

　　这些都是我们遇到的困难。当浑身疲惫完成划船，驶入历史悠久的安提瓜港口时，我们被许多巨大的游艇包围，简直难以置信。这就是先苦后甜。我如此享受这一旅程，不希望它这么早就结束。

　　以后，我非常想再参加一次这个划船比赛，并一直为此努力。

　　本·泰克威在 2007 年划船横渡大西洋，这是一项名为"三重探险"（Adventure Trilogy）计划的一部分。2011 年，他登顶珠峰，并计划滑雪去南极。可登陆 benthackwray.com 了解更多。

关键事实

种类：跑步
时间：不定
距离：250公里
主要困难：炎热、寒冷、地形、距离、天气、意志力
网站：www.4deserts.com
称谓：让参加者必须超越身心极限

过来人说："每场比赛都有不同的挑战。"

4大荒漠（4 Deserts）

4大荒漠、4场比赛。所有比赛都是7天跨度、250公里，并且在世界上条件最艰苦地区举办。从极度酷热到知名的低温，4大荒漠是对人体极限与适应能力的考验。

对多数人来说，在7天内跑250公里，穿越荒漠，已经足够疯狂。对极少数幸运者来说，他们的目标是完成至少两个这样的比赛，获得参加在地球上最冷的地方举办的一场250公里超级马拉松赛的资格。这就是极地长征（Racing The Planet）4大荒漠系列赛的框架。在智利阿塔卡玛穿越赛（Atacama Crossing）、中国戈壁长征（Gobi March）、埃及撒哈拉穿越赛（Sahara Race）3个比赛中至少完成两场，运动员才能获得"最后的荒漠"（The Last Desert，南极）的参赛资质。这场比赛在环境恶劣的冰雪大地上举行。

参加4大荒漠的难度不言自明。规则却并不繁杂。例如，运动员不一定必须按照某个顺序完成除南极之外的3站。

他们可以自由安排完成阿塔卡玛、戈壁和撒哈拉3站的时间。当然，有的人会选择在一年内跑完所有4站比赛，实现4大荒漠大满贯。

在南极，面临独特的精神与体力考验

大受欢迎的降温

不过，要实现大满贯，运动员就要承受身体的极度疲劳。准备与恢复都十分重要。

每个荒漠的挑战各有特色，这需要极强的身心耐力，运动员不仅能耐受超长距离多日赛的疲劳，还得能够在极端高温与极端低温中穿越复杂地形。同时，运动员们的精神压力也相当大。既要照顾好身体，又要应对广袤不毛之地带来的困难。

世界上很少有地方能够像撒哈拉沙漠一样历练身心。它是比赛举办地中最为酷热的，温度常常超过50℃，并且参赛者要在沙漠和沙丘中奔跑很久。在 7 天时间中，大约 160 位跑者要跑完不同距离的赛段，其中最长一段长约 80 公里。最终，他们在吉萨金字塔（Pyramids of Giza）下完成比赛。

戈壁的温度可能没有这么高，但是难度依旧很大。它是历史最久的一站。运动员们要穿越从沙土硬路到岩石河床的地形，并且还要涉水渡河。如同撒哈拉站，戈壁站的温度差也很大。荒漠与世隔绝，没有任何遮挡，气温可能达到 45℃。

用意志征服环境

从热到高，阿塔卡玛荒漠（Atacama Desert）是地球上最干旱的地方，气温也能达到40℃。它也是海拔最高的一站，运动员必须攀爬陡坡，赛道的海拔极少低于2300米，这增加了运动员跑步的难度。

运动员参加完这3站比赛，就只剩下"最后的荒漠"了，这是完全不同的环境。每两年举办一届，赛道的具体位置取决于天气条件，环境极端恶劣。−20℃的低温如同家常便饭。南极的狂风甚至会令举办方叫停或取消比赛。大部分赛道经过雪地，有时比赛甚至会采取绕着1.5公里路线跑圈的独特形式，也有可能是绕着漫长的大圈跑。与其他各站不同，受制于南极的环境，"最后的荒漠"不采用"点到点"的赛道。举办时间也会根据天气进行调整。运动员们也许要在极短时间内做好参赛准备，一旦变天，就得离开赛道。

4大荒漠，4大挑战。完成1站，就很了不起。完成全部4站，就是惊人成就。运动员不但要跑250公里来考验和证明个人能力，而且要

赛道穿越荒漠中的不同地形，使跑者面临艰巨的挑战

在极端环境中做好饮食饮水的精细管理——这同样是极难的。此外，运动员不可能针对每一站比赛的独特环境，进行针对性准备，意志力的重要性也凸显出来。

比赛充满竞争。许多人选择走跑结合完成某个赛段，但是世界级的精英跑者之间依旧会有激烈争夺。运动员就算拿不了冠军，参加4大荒漠大满贯的经历也是极为难得的成就。

极地长征4大荒漠系列赛被列入地球上最难的比赛，是因为它检验人的耐力、适应力和毅力。完成者可以说经历过艰苦环境的历练，比世界上的其他人能更好地幸存和战胜困难。

瑞安·桑德斯（Ryan Sanders）

我认为，每参加一个比赛，都要去尝试关注它的具体难点。你适应高海拔吗？你适应从50℃到零下的温度骤变吗？每个比赛都有各自的难点。

在这些比赛中，毅力十分重要，能占到至少40%~45%。因此，运动员要参赛就得尽量保持积极情绪，要时刻牢记艰苦条件与困难。如果参赛时的想法是"我不是来享受的"，那就谈不上任何享受。但是，如果你把它当作考验，努力去克服困难，那么虽然会经历高潮和低谷，但是会有收获，并享受到融入环境的快乐。

从体力上，我觉得戈壁长征最难。它是我参加的第一站。那时我并不太适应自补给的多日赛。这样看，真的很难。然而，环境也是非常艰苦。戈壁荒漠极为炎热，地形也是多种多样，要不停跑上跑下，不是石头路，就是沙地。我永远不知道前方等待我的会是什么。此外，自补给比赛并不容易，因为跑250公里就很难了，自补给要求是额外难度。

戈壁长征在体力上最难，南极是最考验意志的。这是一个完全不同的比赛。我们连续10天住在船上，下船跑步。影响因素太多了。例如，有的人晕船，这是不能忽视的。天气让一切准备都显得不足。可能坐着等待12小时，然后突然听到喇叭里传来"第一赛段在3小时内开始"的指示，你甚至没有时间去准备。

多数比赛，是从一个地点跑到下一个地点。在南极，则是按照时间计算。它不是在两点之间跑，而是在一定时长内绕圈跑。这样安排，是因为天气极为复杂多变。有时，你要绕着1.5公里长的赛道，跑5~9圈。有那么一两次，比赛开始没多久，我们就被叫停了。想要执行比赛计划，也不怎么可能，它就是这么不寻常，让你无能为力。在这样的比赛中，你希望提前规划一切，但是必须随机应变和快速适应。

在瑞安·桑德斯的各项运动成就中，赢遍极地长征的4站比赛是浓重的一笔。这位南非跑者还刷新了阿塔卡玛穿越赛的速度纪录。更多内容请见ryansanders.com。

关键事实

种类：航海
时间：11月
距离：72000公里
主要困难：天气、意志、寒冷、距离
网站：www.volvooceanrace.com
称谓：航海运动的珠峰

过来人说："我不知道还有没有别的比赛能历时9个月。完赛，就是了不起的成就。"

沃尔沃航海赛（Volve Ocean Race）

伴随着凶险的大洋、极端的温差、方圆数公里孤立无援，参加沃尔沃航海赛的船队，经历了地球上最极限，也是最危险的耐力比赛之一。

19世纪，勇敢的海员们使用横帆船在世界各地运送货物，在不同的港口之间"竞速"，压缩航行时间，才能增加利润。这些海员们的实践，以及诸如罗宾·诺克斯·约翰森（Robin Knox Johnson）与弗兰斯·奇切斯特（Francis Chichester）等人的成就，激励了航海者。1973年，航海团队赛很快从动议变为现实，威特布里德环球航行赛（Whitbread Round the World Race）就此诞生。

尽管在第一年中，损失了3名船员，但是组织者与参赛者并没有退缩。比赛很快就成了航海日历上的固定项目。从2001年开始，沃尔沃成为主赞助商（比赛被重新命名为沃尔沃航海赛）。比赛继续吸引着航海界和世界各地的关注，每3年举办一届，每届为期9个月，分成9段，合计航行72000公里，环绕整个地球。每艘船上有11位海员，从西班牙的阿里坎特（Alicante）出发，在爱尔兰的盖尔威（Galway）结束；中途经过开普敦、奥克兰和迈阿密等地，并且绕道好望角和合恩角，还要与南大洋的惊涛骇浪搏斗。

然而，这些地标，并不是这个史诗级比赛的全部。为了完成哪怕其中的一段，船长和水手们都要完美默契合作，才能应对最凶险的航行条件。

大洋险恶。

每个队员的角色都很重要

快速航行的帆船

大西洋和太平洋，在最温和的时候，温度区间在 −5℃到 40℃，这让一些经验丰富的海员感到头疼。但是，南大洋才是真正的考验。在南纬 40 度到南纬 60 度之间的海域，风高浪急，从赤道向南运行的气流在此处加速。此外，这里没有任何陆地来避风。于是，这里有世界上最可怕的航行条件，风速可达 110 公里/时，浪高可能超过 30 米。

除了大海设置的种种障碍，在全部 9 段航行中的大部分时候，每艘船都处于孤立无援状态。海员必须在 20 天内自给自足，管理给养、保持健康、快速处置紧急状况。虽然海员可能遇到其他船只，也会经过一些港口，但是身在大洋中，最近的帮助至少需要几小时才能抵达。

因此，合作就格外重要。船长是团队中最重要的，他/她的职责就是制定策略，随机应变做出指示，以及让船员们集中精力各司其职。不过，当团队需要连续数个星期连轴转工作时，这并不容易。此外，船上的条件是最基本的。为了减轻重量和提高航速，船队只携带了配额紧张的冷冻食品，没有新鲜食物。

沃尔沃航海赛的竞争十分激烈，不仅是因为它是对人类耐力的完美测试（吸引了某些人），而且是因为它是耗资不菲的名利场。团队要依赖赞助商，赞助商又得依赖

最好的水手，让船只发挥出极限性能

媒体。因此船员们必须力争上游。这就产生了激烈的竞争。比赛的起点与终点固定，但是航线会有变化，因此难以比较得出历史最好成绩。2008—2009 年，爱立信 4 号（Ericsson 4）的夺冠时间是 114 天半。在这期间，他们以 1104.9 公里打破了单体船单日航行距离的世界纪录。2005—2006 年，ABN AMRO 1 号的夺冠时间是 96 天。

不同于本书中的许多比赛，因为航行条件严酷且危险，沃尔沃航海赛吸引了世界各地媒体的关注。在比赛中，世界上最好的水手要与最险恶的航海条件战斗。为了胜利，他们必须具备技术、勇气和非同寻常的忍耐力。因此，这一赛事称得上"现象级"。

看不到陆地

西蒙·费希尔（Simon Fisher）

参加沃尔沃航海赛，船员通常要提前一年到一年半做准备，从体能方面看，很难同时兼备体格与力量，因此少不得花大把时间在健身房苦练。总的来说，风帆系统的重量大约是 800 公斤，随船食品、备用零件和装备大约 1000 公斤。当你根据风向调节行驶时，就需要把这些东西从船的一侧搬运到另一侧，有时甚至每隔 20 分钟就要搬一次。航海的体力消耗巨大。

上了船，我们就开始倒班。干 4 小时活，然后休息 4 小时。在休息期间，可以吃东西、睡觉、穿脱装备。如果一切正常，人就可以歇一会儿，但是，如果需要更换风帆，或者船上有什么不对劲，就得中断休息继续干活。在不走运的时候，每次休息都会被打断，经过几个 24 小时，你就会感受到睡眠不足了。

比赛历时漫长。你要参加一场为期 9 个月的消耗战。赛前的几个月同样忙碌。当然，一旦上了船，人就更是不得闲了，可能会一连数个星期都见不到其他船，这时要通过每 3 小时一次的位置通报来确定周围船只的位置。就是这么无情。每天 24 小时，每周 7 天。我觉得感受比赛的强度才是我坚持不懈的动力。

一定会出各种问题，这时沃尔沃航海赛中最能确定的事。能够最有效处置意外，通过事前准备将意外影响减小至最低的队伍，通常也是最终获胜的队伍。在 2005—2006 年的比赛中，我在 ABN AMRO 2 号上遇到了最棘手的状况，有了这一次经历，其他的问题都不算什么了。

船员身亡是最坏的意外，不过，每个队都可能遇到这种情况。那是一个暗夜，大风快速来袭，甲板上的船员们都在忙着穿救生衣，把自己绑在船上。然而，汉斯（Hans）还没来得及到底舱取救生衣，就被一个大浪冲到海里，无影无踪了。我们能够调转方向去找他的时候，已经离开他落水位置差不多 1.6 公里了。好消息是，这时船速能超过 30 节。我们都知道，在北大西洋的冰冷海水中，时间是救援的最大敌人，我们多么希望能找到他——不论死活。多亏了船员们技艺娴熟，我们找到他了。不过，在被海浪卷入大海时，他的头部受到了撞击。船上的医生为他进行了几分钟的心肺复苏，但是没能唤醒他。那天晚上，我们就这样失去了一位队友，一位好伙伴。在训练中，这种情况是无法模拟的。

这个比赛是马拉松，而不是冲刺。完赛了，自是成就满满。我不知道是不是还有其他为期 9 个月的比赛。因此，完赛就是胜利。比赛的最后阶段有两种方式，一是排位大局已定，无力回天，于是稀松收场。二是绝地反击。不过，不论能否改变局势，船队在最后阶段放弃休息，发起几次冲刺，也是困难重重。只要能完赛，就是解脱。

西蒙·费希尔在阿布扎比航海赛和 2 届沃尔沃航海赛（2008—2009 年 Telefonica Blue 号，2005—2006 年 ABN AMRO 2 号）中担任过舵手和平舱员。

关键事实

种类：多项赛
时间：每年不同
距离：700~800公里
主要困难：炎热、寒冷、地形、技术、天气
网站：www.arworldseries.com
称谓：定义了多项户外赛这一运动

过来人说："一段奇妙的意志、体力和感情经历。"

世界越野探险赛（Adventure Racing World Series）

从阿根廷到加拿大，从英国到澳大利亚，世界越野探险系列赛，让最优秀的耐力运动员在几乎完全的未知中，探寻他们的极限。

世界越野探险赛，是地球上最有名的户外多项赛系列赛，这不是没有理由的。每年，它会在世界各地举办分站赛和一项锦标赛。多数比赛的路线每年调整，并且直到赛前24小时才对全体运动员公布，以实现公平竞争。描述其中一个比赛，就可以看到这个系列赛的全貌。

不过，每个比赛都值得出现在本书中，都称得上地球上最难的挑战。

虽然每年的场次数可能不一样，但是在英国、美国、哥斯达黎加、瑞士和法国安排有固定比赛。此外还有其他分站赛，例如每18个月举办一次的澳大利亚XPD，它并不出现在每年的日程表上。每个分

风景优美、前路艰险

挑战严峻且数量众多

站赛排名最靠前的两支队伍，自动获得每个赛季末尾的世锦赛参赛资格。其他队伍（差不多 70 支队），由自愿报名者组成。

尽管各站比赛的环境不同，但是具有共性。每支队伍由 4 人组成，相邻队员之间的距离不能超过 100 米。一旦比赛开始，队员就要自给自足。每个分站赛都要求自补给，参赛队要把满足 10 天需要的物品提前打包。当然，组织者会安排领取点，运动员们可以去领取下一阶段所需的物品。除了放在领取点的物资，他们必须把出发时使用的物品带回终点。运动员们要携带许多强制装备参赛。当然，强制物品取决于比赛环境（有的分站赛在北极圈附近，其他的与赤道相隔不远）。运动员们必须做好准备并且要有足够的体力，才能在崎岖不平的道路上背负额外重量前行。

赛道的设计，就是为了让运动员达到极限状态。每个比赛都包括徒步穿越、划船和山地自行车这些项目。另外，比赛还可能追加趣味项目。没有路标，各队需要自行辨别方向和寻找打卡点。环境与地形十分复杂，涵盖山地、热带雨林小道、未经开发林地和沙滩。在每个分站赛中，运动员都必须能战胜所

185

每个分站赛各具难点

有障碍，不论它们是何种属性。

越野探险赛让运动员们超越"常规"。最快的队伍，可以被称为"职业运动员"的那些人，需要4天完赛。在这期间，他们会极力压缩睡眠，只睡总共差不多7小时，每天的热量消耗差不多是10000大卡。慢队用时翻番，每天也只能睡4小时。

睡眠不足和大量的体力耗费，让运动员们身心承受巨大压力。在完赛时，几乎所有人遭遇较多的睡眠剥夺，严重的还会出现幻觉。因此，每个人都会遇到自己的心魔。但是，他们还是得保持团队作战。每个人都要承受煎熬。队员即使疲惫、经历伤痛或者情绪低落，也要为了队友而拼尽全力。

世界越野探险赛的各个分站赛，都称得上世界上最艰巨的考验。作为整个系列赛来说，它更是名副其实。这个比赛让运动员们达到人体耐受力的极限，同时让他们在陌生环境中保持团队作战，算得上"终极体力挑战"的完美案例之一。

团队就是一切

尼克·格雷西（Nick Gracie）

你可以为了参加这些比赛去训练。但是像这样持续 3~4 天不停的比赛，其难度无法模拟。你需要适应长时间连续骑行、连续跑步和连续划船，当然，参赛越多，就越擅长，身心就越容易适应。

我尝试为参赛进行专项训练，但是这很难。去年 12 月，我参加了在阿布扎比的一场比赛。在沙漠中，气温达到 45℃，热得令人难以置信。但是，11 月我在英国训练，特别冷。我做了许多热体瑜伽练习，来适应高温。去训练时，我会穿好几层衣服，必须感到热和不舒服。我也在沙滩上训练跑步和骑车。在沙地上骑车很辛苦，特别是软沙环境，真的需要技术。更难的是，你要从冷环境进入热环境。

阿布扎比的比赛结束 2 个月后，我们又去巴塔哥尼亚比赛，特别冷。不过，我们回英国待了一个月。但是，英国与巴塔哥尼亚的冬天还是不一样的，后者还有大风。为了对付风，我能做的准备就是增加体重。

不过，参加这样的比赛，睡眠剥夺是难以模拟的。参赛时的精神折磨就格外难熬。周一开始比赛，直到周六才结束，要不眠不休坚持 5 天，光是听听就够难的。比赛前难免会紧张，要到开始后 1 小时才会好一些。第一个晚上，你会想："我们已经坚持 12 小时了，这才仅仅完成了十分之一。"就是这么可怕。不知不觉，第一天就在时间的流逝和比赛的不断推进中结束了。第二天，完成一半进度。在越野探险赛中，这真是令人不能自拔。

你和你的团队，只是一个小气泡。你会消失在平行时空中，忘记一切。这真是奇怪的感觉，是精神、心灵和肉体的一次奇幻旅行。有情绪亢奋，必然就有压抑低落。经历寒冷、潮湿、疲倦和饥饿是必然的。欣喜远远超过失落，情绪如同坐上过山车。

在一年内完成全部分站赛并不可能，这样做会让身体垮掉。但是，这个系列赛的举办地都是自然风景绝美之地，并且组织极好。这是一项非常提倡友谊和团队精神的运动。

尼克·格雷西是 2009 年世界越野探险赛冠军队的成员。他完成了世界各地的多项比赛。更多信息请见 teamadidasterrex.com。

运动员视角

187

关键事实

种类：水下运动
时间：全年
距离：不等
主要困难：精神
网站：www.aidainternational.com
称谓：解放自我的终极方式

过来人说："动机源自兴奋，这是成为探索人类能力先锋的感觉。"

自由潜水

这是一次探索蓝海深处的无拘无束的旅程。只有具备出众的身心条件、从事自由潜水的运动员，才能实现看似超越体能极限的下潜深度和潜水时间。

自由潜水就是一切。说得极端一些，就算在浴池里，也可以完成一次自由潜水。在另一方面，它又完全不同。它要求保持专注和放松，甚至伴有危险。从本质上，自由潜水就是在水下屏住呼吸。

如此说来，这项运动可以回溯至人类早期历史。5400年前的斯堪的纳维亚人，就擅长用自由潜水的方式捕捞贝类。地中海沿岸的埃及人，在同一时期也有类似例子。1949年，雷蒙多·布彻（Raimondo Bucher）与人打赌50000里拉，闭气潜水到30米深度，此后，自由潜水才成为一项运动。

由此开始，自由潜水逐渐成为一项在世界上备受欢迎的运动。任何水肺潜水学校，都会教授自由潜水。职业运动员还能参加管理机构组织的比赛。管理机构保存着历史性的成绩突破，对破纪录尝试进行指导监督。这项运动有许多分类。无限潜水，指运动员使用配重下潜，再任选上浮方法。恒定重量潜水，指可选择是否用蹼，只靠肌肉力量控制沉浮。

分类如此众多，成绩自然难以比较。例如，无限潜水类，赫尔伯特·尼奇（Herbert Nitsch）创造了214米的世界纪录，坦亚·斯特里特（Tanya Streeter）创下的女子纪录是160米。不使用蹼的恒定重量潜水类，威廉·特鲁布里奇（William Trubridge）的纪录是101米，比赫尔伯特·尼奇用蹼的纪录——124米，只少了23米。当然，达到如此深度，要求极强的闭气能力。静态自由潜水的最长时间纪录是男子11分钟35秒［斯蒂芬·米苏德（Stephane Mifsud）］，女子8分23秒［娜塔莉亚·摩尔科诺瓦，（Natalia Molchanova）］。

这些独立纪录，已经足够深刻。自由潜水对体力的要求，也是对体力的严峻考验。每种哺乳动物都有潜水能力，最为突出的就是鲸豚类。人的潜水能力本来就不强，还会随着年龄减退。冷水接触面部，就能激活人在水下缺氧环境中的适应性。这些生理变化包括心率

自由式潜水的关键就是彻底放松

下降、血管收缩（将血液集中在心脏附近）、肺部冗余空间减少（当肺部收缩成拳头大小后，胸腔不会坍塌）。

自由潜水者在水压力下控制身体的能力，是存活乃至成功的关键。

他们长时间在水下闭气，当身体尝试强行呼吸时，就会经历胸廓收缩。当精神趋于平静时，胸廓收缩才会趋于恒定。快速到来的隧道视觉，是昏迷之前的最后警示。

所以说，这是一项危险的运动。

不过，当安全措施到位后，潜水员还是比较安全的。但是，风险依旧存在。最著名的致命事故，就是欧德雷·马斯特（Audrey Mastre），他在尝试一次深度为171米的无限潜水时因推进器故障去世。因为在潜水过程中可能发生昏厥，自由潜水运动员从不单独行动。当有人尝试挑战纪录时，会有一大群后勤人员来保证安全和最大成功率。

尽管有危险，顶级运动员依旧通过自由潜水不断挑战大洋和他们的内心。不像其他运动，想要下潜至最深，人就必须保持冷静，只有集中精力和放松，才能让身体与精神战胜多数人都难以承受，或是不敢面对的压力。成功者的收获，难以言表。

自由潜水，是人与水的纽带。许多人如果尝试，就会发现他们其实可以达到少数勇敢者那样的身心状态。与本书中的许多其他挑战不同，自由潜水可以释放身心压力。这是一项具有特殊回报的运动，它让运动员在蓝海深处脱离舒适区。

景色美丽，挑战巨大

威廉·特鲁布里奇（William Trubridge）

自由潜水，心理准备与生理准备同样重要。我在游泳池、健身房和瑜伽教室里完成了许多训练，来提升体能基础和技术，通过阻力训练抵抗低氧——高二氧化碳的负效应。

我做了许多思想准备：冥想与视觉想象。呼吸非常重要。专注于呼吸，就可以让思想和身体的一切慢下来。不过，最重要的心理建设，就是投入"对所从事之事感到舒适"这样一种状态，做好准备，并确保潜水在能力范围之内。所有这一切，能让你不再为潜水感到焦虑。一旦焦虑来临，就会让心跳加速，消耗更多氧气。

在自由潜水挑战深度的过程中，你不太会看向四周。如果你总是左顾右盼，就会多消耗氧气。我觉得这就是逛博物馆看展览与坐在暗室里的区别。第一个显然更耗费体力。在自由潜水时，你需要专注于内心，拒绝一切外界刺激，中断思维，这样才能保留氧气，下潜到足够深，然后返回水面。

这个持续几分钟的过程可能有些枯燥，但是，当你专注于内心时，会体会到一种自由与美妙的感觉。黑暗，但是寂静。没有声光刺激，周身的触觉都差不多。你感觉不到重力。在一定程度上，仿佛走出了肉身，因为所有的感觉都是被动的，并且接收不到任何刺激。

这项运动并不像看上去那么危险。你有受过训练和经验丰富的负责安全的潜伴。不对劲，或是喘不上气的时候，最有可能出现在潜水临近尾声、接近水面的时候，甚至更多的是在浮出水面呼吸第一口空气时，这些场合最容易发生晕厥。当然，如果是单人尝试，一旦发生晕厥，后果可能完全不同。

我的潜水动机源自兴奋，这是一种成为探索人类能力先锋与发现未知的感觉。这就是它的现实意义。更直接的原因，就是屏住呼吸，畅游水下世界时会获得一种美好的感觉。它与我们在水面上的生活完全不同。

2010年，威廉·特鲁布里奇成了不依赖任何协助、突破100米深度的自由潜水第一人。更多信息请见verticalblue.com。

关键事实

种类：航海
时间：不定
距离：39396 公里
主要困难：天气、意志、距离、环境和技术
网站：www.vendeeglobe.org/en
称谓：单人帆船，不间断，环球航行；至少在理论上是这样

过来人说："这是对船和船员的终极考验，需要使用自然力完成无协助的环球航行。"

温迪环球航行（Vendee Globe）

驾船驶向未知。不停歇的环球远航，不使用助力，直面南半球的暴风恶浪。这是最难的航海赛？是的。这是地球上最难的比赛？也许吧。

1989 年，法国人菲力浦·让托特（Philippe Jeantot）决定永久改变航海运动。他赢得过五大洋航行赛，希望将航海运动推向极致。他打算办一场比赛，让敢于参加的人寻求真正的极限。他写道："时间，是通过船只达到完美的必要因素。环球航行、不停靠、无协助，这才是真正理想的条件。"

首届温迪航海赛，共有 13 人和让托特同时启程。其中 6 人未能完成。赢家是法国人提图安·拉马佐，他用了 109 天 8 小时 48 分。让托特获得第 4 名（113 天 23 小时 47 分）。最后一人是让-弗兰西斯·科斯特（Jean-Francois Coste，163 天 1 小时 19 分）。一项传奇比赛就此诞生。

温迪航海赛的一个特色，就是航线只是大致规划的，并不具体。目标很简单，在不停靠、无外界协助的情况下，完成环球航行。不选择经过西北或东北航道，是因为实际距离要比要求的 33796 公里略短。因此只能以莱萨布勒多洛讷为

人与船挑战恶劣环境

起航后就要独立参赛了

起/终点,向南经过好望角和合恩角。巴拿马运河或苏伊士运河被视为外部协助,因此禁止通行。

因此,比赛选择向南的航线,进入南大洋,再左转。这样,轨迹就十分清晰,并且水手可以利用西风。运动员可以通过八重门槛,用"正确方式"完成比赛(错误方式见下文——译注)。

不过,南行并不意味着没有挑战。在整个比赛中,水手们都要与极端气温和恶劣天气搏斗。绕过好望角后,就进入了南纬40度和50度之间的海域,这里以风高浪急闻名航海界。在辽阔的海面上,几乎没有什么陆地能遮挡狂风。风能否助力航行,取决于老天的心情。汹涌的海浪可能超过30米,推动船只以惊人速度向前航行。

参赛者只能独自面对惊涛骇浪,这就是温迪航海赛的最大挑战。航海者只能通过卫星电话和无线电与外界保持联系,不过,能得到的帮助十分有限。此外,他们还会收到比赛排位信息,这就让竞争更加激烈。在可以下锚时,他们不能驶入港口。因此,当驶入南大洋时,每个航海者确实处于无援助状态。一旦船只损坏倾覆,或是人有什么身体上的毛病,都得先自行解决,独立支撑数小时乃至数天,等待援助赶到。

直面最凶险的海洋

为此，所有参赛者都要学习相关的医疗和生存的课程。此外，他们还驾驶将在温迪航海赛中使用的船，首先完成资格赛。根据规则，船的长度为 18 米，在 3 个多月的比赛期间，参赛者吃喝拉撒睡都要在船上进行。这些船是专门针对比赛中的航海状况进行设计和制造的，尽管可定制服务的空间不小，但是都有充足的安全措施，让航海者们能获得最大的生存机会。

活着最重要。每次比赛都会遇到伤亡，因船受损或人受伤退赛的大有人在。在 2008—2009 年的比赛中，30 个人开始，19 个未完成。不过，尽管完成率看似下降了，但是完成的时间明显缩短，1989 年的最快时间是 109 天，在 2008—2009 年，冠军仅用了 84 天 3 小时 9 分。比起 20 年前的对手，米谢尔·德斯约克斯（Michel Desjoyeaux）的比赛用时缩短了 3 个多星期。

在本书列举的所有比赛中，完全意义上的个人挑战并不多，温迪航海赛就是其中之一。它是一次通往未知的探险。航行中面对的困难，是常人难以想象的；更不用提完全孤身一人，方圆几千里都没有陆地或是援助。温迪航海赛是对人类耐力的终极考验，每次举办，总是能够吸引从水手到公众的关注。

完成的喜悦

迪·卡法里（Dee Caffarri）

赛伊·布利斯（Chay Blythe）以公认的"错误"方式（另一种方式：向南，然后右转）进行环球航行，为我参加温迪航海赛带来了机会。我是第一位参赛的女性，这是一段独特的经历。当我在南大洋中苦苦挣扎时，我才知道别人选了其他航线。我决定弄明白为什么他们会选别的航线，这样似乎更容易对比。如果你想去找答案，最好的方法就是与世界上优秀的水手们一起参加温迪航海赛。

参赛的准备十分艰难。人人都觉得最重要的是如何航海，以及如何保持快速。但是，那些无形的东西是最被低估的，比如心理建设，针对天气的训练、战术策略，以及如何在船上应对各类意外。

在比赛中，更多的是学会如何进行自我管理。打理好吃喝睡，这样才能有充足的精力，来保持专注，直至完成。这不是一个短时比赛。它的竞争激烈，同时，持续时间很长。

在船上，你会收到位置报告，告诉你对手们在哪儿，是什么速度。这让竞争更为激烈。在埋头苦干之际，却突然知道了对手的位置——这就是比赛。既要全力以赴，又不能过劳崩溃。在这两个状态中达到平衡，就意味着要了解船只和自身的承受限度，这样，才有希望完成。

2008—2009年的比赛，30艘船出发，只有11艘完成，就是一个很好的例子。

当然，在面对不利自然环境时，身为女性，运气可能稍好一些。在天气面前，人无能为力。但是，选手想要完成，就得熬过最不利情形，并利用有利形势，了解了必须坚持和应当从容的时机，才能把苦旅变成享受，必须懂得，只有具备了顽强毅力，才有可能完成。

南大洋航海，并不只是像前人评价的那样。它是真正的双刃剑。环境时而梦幻，时而诡异，时而寂静，时而狂暴。神奇的信天翁、肆虐的风暴、危险的冰山和随时降临的危险，使我时时感到兴奋——欣赏一切积极因素，不畏惧对抗风险并幸存下来。进入少有人涉足的南方神秘之地，当然是魔幻的经历。在那里，除了竞争者，你周围并没有可以依赖的救助者。这一切，既深深吸引着我们，又让我们盼着快快回家。

2006年，迪·卡法里成了以"错误方式"完成环球航海的女性。她在2008—2009年间的温迪航海赛中获得了第6名。

中国最艰难的耐力挑战赛（译者后记）

在中国举办的长城马拉松和四大荒漠系列赛·戈壁长征两场比赛荣登本书中"世界上最艰难耐力赛"之列。

但是，仅通过这两个比赛，根本无法展示中国极限耐力运动的精彩丰富。在中国古代，既有张骞出使西域、苏武牧羊、玄奘西行、贵由赤长跑练兵之类的真实探险旅行与极限生存故事，又不缺少神行太保戴宗和夸父追日等神奇传说。

中国是世界上地形与环境景观最丰富的国家之一，具有举办各种耐力赛的得天独厚的自然条件。中国真正意义上的现代长距离耐力运动，始于20世纪80年代中后期的长江漂流和刘雨田、雷殿生等人在边疆的人力旅行等尝试；同时，越来越多的香港与台湾民众开始参加香港毅行者100公里团队越野赛。随后，余纯顺探险遇难、张健横渡海峡、迎奥运京港长跑、白斌丝路长跑等热点事件，让耐力运动进入更多公众的视野。以人力为基础的耐力赛大量涌现，则是2010年以后。

近年来，随着中外交流的增加，出国参加本书中的西部100英里、撒哈拉地狱沙漠马拉松和育空长征等国际大赛的中国人越来越多；同时，法国环勃朗峰UTMB170公里越野赛、意大利巨人之旅TDG330公里等以难著称的户外耐力大赛中，中国运动员的身影也在不断增加。与此同时，在中国参加各类高难度耐力赛、与中国顶级运动员比拼，甚至最终夺冠的外国人，同样越来越多。

在中外参赛者眼中，中国有哪些耐力赛，可以与书中的比赛平起平坐，甚至在难度上胜出呢？

- **八百流沙极限赛**

八百流沙极限赛是以玄奘法师西行为灵感，于每年秋季在中国西北地区举办的400公里荒漠越野跑赛，时限为144小时，最高海拔3900米，要求参赛者使用GPS手持机或手表进行自导航，每年只有50个极为稀缺的参赛名额。

跑者要背负重量不少于4公斤的生存保命强制物品，应对高海拔、烈风干旱、几十度昼夜温差、复杂地形等来自自然环境的重重考验，甚至可能遭遇不期而至的暴雪与沙尘。此外，他们还要忍受睡眠剥夺、疲惫水肿、晒伤、精神高压等身心痛苦。不论是否完成，参加者们的评价都是：从景色与难度两方面看，赛道设计者要么是天才，要么是虐待狂。

第一届正式比赛于2015年举办。历届最好成绩为71小时（Daniel Lawson，英国籍，2017），创造这一奇迹者，仅休息了不到4小时，实际完成距离为410公里，可谓是能跑能忍，同时又极为精于算计的全能户外高手。

八百流沙极限赛是中国大陆地区国际推广最为成熟的比赛。

- **乌蒙山越野赛**

《七律·长征》中有诗句"五岭逶迤腾细浪，乌蒙磅礴走泥丸"。这是中华人民共和国主要缔造者之一、政治家、军事家毛泽东在长征期间，途经云南乌蒙山地区，对当地环境的记述。可见当地环境的特点为高海拔、天气易变、浓雾、多降水、泥路难行。至今，相比经济发达地区，乌蒙山腹地居民的生活条件，依旧十分艰苦。

2018年，乌蒙山超级越野赛设立了330公里组别，累计爬升15000米，时限为140小时。2019年，450公里组别横空出世，累计爬升更是直逼22000米，时限为180小时，创下中国境内越野赛距离最长和爬升最多两个纪录。最快完成时间分别为68小时（李仁力，2018）和107小时（顾喜波，2019）。

乌蒙山越野赛的特色，是集西南山地自然景观、复杂天气条件、少数民族风情和革命历史色彩于一体。

- **三峡 175 公里**

在湖北举办的雷越野·中国三峡175超级越野赛，号称"一战封神"，难度为国内各100英里级别越野跑比赛之最。累计爬升达到10700米，与著名的法国UTMB环勃朗峰170公里越野赛近似，而时限却多出4小时，达到50小时。

无尽的陡升陡降技术地形与天气易变，是三峡超级越野赛的最主要难点。在陡峭的危险路段，跑者只能手脚并用，小心翼翼前进。一旦下雨，布满碎石的山路将变得异常湿滑艰难。往年还出现过低温降雪奇观；要想平安参赛，首先要具备足够的户外自理能力和勇气。

从2015年首届比赛举办以来，最好成绩是27小时17分（李铁军，2018），完成率接近60%。

- **香港四大山径挑战**

长度298公里，累计爬升14500米。始于2014年的香港四大山径挑战，目的就是挑战不可能。最初，在3天内完成麦理浩径、港岛径、卫奕信径和凤凰径，才被视为完赛。从2016年开始，随着参与人数增多，"完成"的标准，收紧到60小时以内。直到2017年，才出现了第一批真正意义上的完成者。

除了极为严格的时间限制，要想完成，还必须遵守若干规则，例如，首先要在18小时内跑完长约95公里的麦理浩径，只能在每一径的起点和终点补充食品和更换装备，用地图或GPS自导航，以及，不准使用登山杖。

该活动于每年春节期间举行，参加者多来自中国、东南亚国家、日本和澳大利亚，以居住在香港地区的越野跑高手为主，称得上一场"华山论剑"般的比拼。除了睡眠剥夺与身体疲惫，参加者们还要面临白天的湿热，夜晚的寒冷，以及突发的降水。

目前，最快纪录为57小时以内（Tom Robertshaw，英国籍，2017），跑进60小时者仅占挑战者总数的15%。

- **纵贯台湾长跑**

纵贯台湾长跑为期8天，总距离560公里，由台湾极北的富贵角灯塔跑至台湾极南的鹅銮鼻灯塔，距离相当于15个马拉松多一些。然而，在略有起伏的硬化公路跑560公里，对心理与生理的考验，不见得比数百公里的荒漠穿越更小。

参加者们白天跑步，晚上统一在营地休息，午餐通常是边跑边吃运动食品，或是在路边解决。然而，每天那点短暂的睡眠休息时间，根本不够补偿连日奔波的体力与精力消耗。精神疲劳与肉体伤痛，是跑者们纷纷中途退出的最直接原因。

在可自行安排休息的个人挑战中，最快用时约为6天（林义杰，2011）。

- **川藏极限挑战赛**

川藏极限挑战赛，与横穿美国（RAAM）、法国巴黎-布列斯特-巴黎（Paris-Brest-Paris）并称为"世界三大不间断骑行挑战"。

比赛通常在每年的5月份举办，选手从成都出发，沿川藏南线G318骑行到达拉萨，全程2160公里，累积爬升 25000 米，平均海拔 4000 米。需要翻越 14 座高山，其中 12 座山的海拔超过 4000 米，2 座超过 5000 米。比赛无后援无补给，并且采用不间断计时，也不设立奖金。

高原缺氧环境与不间断计时规则，是选手们面临的最大困难。他们必须日夜兼程，才有可能完成甚至夺冠。

目前的最快纪录是 6 天 56 分（孙晖，2019）。

此外，还有跑者完成过北京 - 拉萨长跑、西宁 - 拉萨长跑等尝试。

- **世界越野探险赛阿勒泰分站赛**

2016 年与 2017 年，新疆阿勒泰地区连续两个夏季举办世界探险越野赛的分站赛，每年有近 30 支来自世界各地的队伍参加。参赛者要在 5 天时间内，在森林、草原、半荒漠的复杂环境中，完成最短距离为 550 公里的赛程，除了越野自行车，还涉及越野跑、皮划艇和绳索攀登等多个项目。

该比赛采用世界探险越野赛的规则，例如每队男女组合 4 人、只允许用纸质地图导航、同一队伍的相邻队员间距不得大于 100 米、不间断计时、一人退赛则全队退赛等等。

在阿勒泰地区的如画美景中，几乎每支队伍遇到了昼夜温差大、连续熬夜、迷路绕远、自行车故障、极度疲惫与蚊虫袭扰等重重考验。迷路最多的队伍，实际行程多达 700 公里！运动员们普遍认为，这是一场"眼睛在天堂，身体在地狱"的难忘而有趣的旅行。

最快队伍，完成仅用 56 小时（希捷队 Team Seagate，2017）。

- **海峡横渡**

中国的三大海峡是渤海海峡、台湾海峡和琼州海峡。游泳好手已经完成了三地横渡。目前多为个人挑战，需要自行招募支援队。

渤海海峡：最大宽度约为 40 公里，最小宽度约为 19 公里。最早有据可查的游泳横渡是在 1988 年。经过长期系统训练者，可在 10 小时内完成。

台湾海峡：最大宽度约为 410 公里，最小宽度约为 130 公里。2014 年，张健、张婕等 14 位中国游泳好手，采用接力方式，实现人类历史上首次横渡台湾海峡，实际游泳距离为 400 公里，时间为 97 小时。

琼州海峡：宽度约为 109 公里。2000 年，张健实现了史上首次人力横渡，实际游泳距离为 123 公里，用时为 50 小时 22 分。

- **12 小时 /24 小时跑道耐力赛**

在济南、杭州、福州、台北等地，举办过 12 小时或 24 小时跑道耐力赛。目前，中国人的 12 小时和 24 小时跑道耐力赛纪录分别是 154.35 公里（梁晶，济南，2020）和 267.7 公里（梁晶，杭州，2017）。

此外，中国还有遍布各地、为数众多的 100 公里、100 英里荒漠与山地越野跑赛、自行车长途骑行赛、长距离三项赛、多项户外赛等可以用"艰难"二字来形容的耐力赛；还举办过"50 公里 +60 个障碍"的斯巴达超级野兽（Spartan Ultra）耐力赛，比赛数量和参与人群都在快速增加，趣味创意也是层出不穷。

你参加并完成过的最艰难耐力赛是哪一个？

The World's Toughest Endurance Challenges
by Richard Hoad and Paul Moore
Copyright © 2012 by Richard Hoad and Paul Moore
This translation is published by arrangement with Bloomsbury Publishing Plc
Simplified Chinese translation copyright © 2024
by Zhejiang University Press Co., Ltd.
All rights reserved.